AF336762

NOUVELLE COLLECTION NATIONALE

Frédéric SOULIÉ

LE SACRIFICE
D'EULALIE PONTOIS

95 cent.

l'ouvrage complet illustré

F. ROUFF, éditeur, 8, boulevard de Vaugirard, PARIS

LE SACRIFICE D'EULALIE PONTOIS

CHAPITRE PREMIER

Dans un salon boisé du château de la Grasserie se trouvaient, durant une des froides soirées du mois d'octobre 1838, quatre personnes assises autour d'un feu qui commençait à s'éteindre.

Deux bougies posées sur une console, à l'autre extrémité du salon, n'éclairaient qu'imparfaitement cette pièce, et l'on n'entendait que le bruit de la pluie qui tombait à verse.

Une préoccupation inquiète agitait le cercle formé autour du feu, mais chacun semblait vouloir garder ses réflexions pour soi-même et craindre de les communiquer aux autres.

Il y avait deux hommes et deux femmes. Les femmes occupaient les deux côtés de la cheminée, les hommes étaient en face.

L'une de ces femmes pouvait avoir quarante-cinq ans. Elle avait pu être belle, quand la fraîcheur de la jeunesse et son riant embonpoint adoucissaient les lignes dures et osseuses de ses traits; mais à l'âge où elle était arrivée, et surtout à cause de son extrême maigreur, rien d'aimable ni de bienveillant n'était resté sur ce visage. Un nez busqué, des lèvres minces, un menton pointu, de petits yeux gris, lui donnaient un caractère de hauteur et de méchanceté.

Cette femme était d'une taille élevée et carrée; cependant ce disgracieux ensemble était empreint d'un air de distinction aristocratique qui n'appartient qu'aux femmes laides d'un monde élevé.

Du reste, la jeune fille qui était en face d'elle semblait prouver qu'on peut être belle avec de pareils traits; car il existait entre elle et cette femme une ressemblance parfaite.

L'expression seule était différente, et un peu d'ironie et de dédain se montrait seulement sur ce visage blanc et rose, rayonnant de santé et encadré de magnifiques cheveux blonds. Toutefois, on reconnaissait aisément que ce devait être la mère et la fille.

Le plus âgé des deux hommes assis en face de la cheminée était un prêtre, vieillard encore vert.

Il gardait le silence comme les autres; mais, à la ténacité avec laquelle il attachait ses regards sur son voisin, on eût dit qu'il eût voulu lire jusqu'au fond de son âme, et plusieurs petits mouvements maladroitement réprimés annonçaient une extrême envie de causer, sinon d'interroger.

Quant au dernier de ces quatre personnages, c'était un homme de trente ans; il avait aussi quelque chose de méchant et d'insolent dans le visage; mais cette insolence et cette méchanceté devaient être d'une tout autre famille que celle de la dame. C'était un nez retroussé en pied de marmite, des pommettes roses saillantes sur des joues creuses, et un menton fuyant; une bouche en dessous, comme celle d'un requin, un œil inquiet et agité.

Il était assez grand et n'était pas mal tourné de sa personne; mais il y avait dans cet individu une importance grêle qui dénotait invinciblement une envie incapable contre tout ce qui était plus beau ou plus spirituel que lui.

Déjà plus d'un quart d'heure s'était passé dans un absolu silence, lorsqu'un homme d'une quarantaine d'années entra dans le salon par une porte qui faisait face à la cheminée.

— Ah! c'est vous, Pontois? lui dit la plus âgée des deux dames, est-ce que vous passez la nuit au château?

— Si madame la comtesse le désire, répondit cet homme, j'y reviendrai; mais je suis venu pour chercher M. le curé et le conduire chez lui. Il y a loin d'ici au presbytère...

— Mais vous demeurez à deux pas, dit le jeune homme. Ce n'est pas une grande peine que vous prenez là.

— Ce n'est pas pour moi que je parle, répondit Pontois, c'est pour M. le curé; il est près de minuit et il fait un si mauvais temps!...

— C'est juste, reprit la comtesse; bonsoir, monsieur Denis, fit-elle au curé; vous avez eu un triste devoir à remplir aujourd'hui, et nous vous remercions de l'empressement et de la sollicitude que vous y avez mis.

— Je suis prêtre pour apporter les secours de la religion aux mourants, comme pour offrir des conseils à ceux qui ne sont pas dans une bonne voie, repartit le curé en regardant le jeune homme, qui le toisa d'un regard impertinent et qui probablement allait lui faire une réponse peu amicale, lorsque la comtesse s'empressa de dire à Pontois:

— N'est-ce pas Eulalie qui veille cette nuit près de la marquise?

— Oui, madame, répondit Pontois, c'est ma fille et la vieille Marthe qui passeront la nuit près de Mme de Souhiran.

La comtesse et le jeune homme échangèrent un regard d'intelligence pendant que le curé cherchait son parapluie et son chapeau.

— Est-il nécessaire que je revienne? dit Pontois.

— Non, reprit la comtesse, vous devez être horriblement fatigué ; restez chez vous. Il n'y a pas d'accident à craindre cette nuit, du moins je l'espère, soyez ici demain de très bonne heure.

— Il suffit, dit Pontois.

Le curé et le régisseur (car cet homme était celui qui gérait les propriétés de la marquise de Soubiran) quittèrent le salon, et presque aussitôt la jeune fille s'écria en étouffant un long bâillement de manière à lui donner l'apparence d'une contraction nerveuse :

— Maman, veux-tu rentrer ? Je suis brisée.

— Eh bien ! Camille, dit la comtesse, je ne remonte pas encore ; mais, si tu es fatiguée, tu peux aller te coucher.

A cette proposition, la jeune fille tressaillit et laissa échapper cette exclamation :

— Toute seule !

— Tu as raison, dit la comtesse, qui se méprit au sens de cette exclamation ; je vais aller t'aider à te déshabiller.

Puis elle reprit en s'adressant au jeune homme :

— D'après ce que vous m'avez écrit, monsieur Gagerot, je n'ai pas même voulu amener avec nous une femme de chambre. Du reste, ce sera l'affaire de cinq minutes. Veuillez m'attendre ; je redescends.

La comtesse prit une bougie, mais Camille ne quitta point son fauteuil.

— Eh bien ! Camille ? lui dit sa mère d'un air sec.

— Maman, j'aime autant rester ici ; je dormirai sur ce fauteuil.

La comtesse fronça le sourcil, M. Gagerot se mit à rire.

— Ah ! dit-il d'un air galant, la belle mademoiselle Camille a peur des revenants.

— J'aime autant rester ici, dit la jeune fille.

— Point de sot enfantillage, reprit la comtesse de Brevise ; venez.

Camille se leva pour obéir, et Gagerot lui dit avec un sourire qui avait ou la prétention d'être aimable ou d'être spirituel :

— Pour revenir, il faut être mort, et Mme de Soubiran n'est pas encore dans l'autre monde.

Camille parut encore plus alarmée, et elle semblait hésiter à partir, lorsqu'une des portes du salon s'ouvrit, et une jeune fille parut tenant d'une main un flambeau, de l'autre une cafetière.

— Ah ! c'est vous, Eulalie, dit la comtesse ; vous allez dans la chambre de la marquise ?

— Oui, madame, répondit Eulalie.

— Est-ce la potion ordonnée par le médecin que vous portez là ? dit la comtesse en montrant la cafetière.

— Non, madame, c'est du café que j'ai pris à l'office pour Marthe et pour moi. Comme c'est la troisième nuit que nous passons, nous avons peur de dormir.

— C'est bien, fit la comtesse.

Eulalie sortit, et Mme de Brevise dit à Camille :

— Voilà une fille plus jeune que vous, et qui n'a pas de sottes terreurs.

— Ah ! maman, dit Camille d'un air de dédain, ces gens-là...

— C'est vrai, reprit Gagerot d'un air railleur, ces gens de rien, ignorants et pauvres, ça n'a pas le droit d'être... superstitieux.

Mme de Brevise se pinça les lèvres, tandis que sa fille regardait Gagerot d'un air si étonné, que celui-ci pensa qu'elle n'avait pas compris le sarcasme ; la jeune fille s'étonnait seulement de ce que M. Gagerot le lui eût adressé.

La comtesse fit un signe impératif à Camille et l'emmena.

Gagerot haussa les épaules et murmura à voix basse :

— Petite bégueule... Enfin, c'est fait...

Puis il alla s'asseoir au coin de la cheminée, tisonna le feu pour le ranimer et se pencha sur son fauteuil, les yeux fixés au plafond, en sifflotant un air d'opéra-comique qu'il interrompait de temps en temps par quelques mots :

— Soixante-dix... soixante-quinze... quatre-vingt mille...

Il reprenait son air, et ajoutait un peu plus tard :

— La forêt de Coudray, trente mille... cent dix mille... La terre des Lorières, seize mille... cent vingt-six mille...

Il compta ainsi jusqu'à deux cent mille, et arrivé à ce beau chiffre, il se trémoussa joyeusement sur son fauteuil en criant assez haut pour qu'on pût l'entendre :

— Deux cent mille livres de rente... eh ! eh !

Un regard ardent, jeté autour de lui avec un vif mouvement de tête, sembla dire : j'en aurai bien quelque chose.

A ce moment, Mme de Brevise reparut et vint rapidement s'asseoir près de Gagerot.

— Enfin, lui dit-elle, nous sommes seuls ; eh bien ?...

Eh bien ! c'est fait comme il a été convenu.

La comtesse laissa échapper un profond soupir de sa poitrine. Gagerot en comprit le sens.

— Ne vous l'avais-je pas écrit ?

— Sans doute ; mais l'accueil de Mme de Soubiran a été si froid !

— Une mourante... et puis vous n'étiez pas d'une parfaite intimité.

— Mais nous venions de faire cent lieues en poste pour lui prodiguer nos soins.

Gagerot laissa échapper un petit ricanement.

— Plaît-il ? fit la comtesse avec hauteur.

— Seriez-vous venue, si je ne vous avais pas appris qu'elle instituait votre fille sa légataire universelle ?

La comtesse ne jugea pas à propos de répondre ; mais elle reprit en baissant la voix :

— Vous avez donc lu le testament ?

— Je l'ai dicté, repartit Gagerot en regardant la comtesse avec une intention marquée.

Mme de Brevise sembla se mettre sur ses gardes et examiner Gagerot.

— En ce cas, lui dit-elle, vous devez en connaître les moindres dispositions ?

— Je les connais, et je suis chargé de les faire exécuter.

— Vous, l'exécuteur testamentaire de Mme de Soubiran ?

— Moi !

— Ah ! fit la comtesse.

Et il y eut un moment de silence, pendant lequel Gagerot regardait d'un air railleur les petites crispations nerveuses que cette nouvelle semblait donner à Mme de Brevise, et qu'elle avait grand'peine à contenir.

Cependant ce fut elle qui reprit l'entretien la première.

— Et qu'a-t-elle laissé à ce Paul Chagoin ?

— Rien ! dit Gagerot avec un accent de rage satisfaite.

— Absolument rien ?

— Absolument rien ! repartit Gagerot du même ton.

Par un mouvement involontaire, Mme de Brevise se recula dans son fauteuil, et reprit d'un air presque soumis :

— Mais, je ne l'entendais pas ainsi ; c'est son neveu, son véritable héritier, et je ne veux pas qu'on dise que nous l'avons entièrement dépouillé.

— Il est temps encore de faire révoquer le testament, fit Gagerot d'un ton dégagé.

Mme de Brevise s'agita sur son fauteuil ; Gagerot se prit à ricaner, la comtesse se leva et se promena avec agitation dans le salon.

Gagerot se mit à la lorgner avec une impertinence si marquée, que la comtesse finit par s'arrêter tout à coup, et lui dit avec colère :

— Vous vous êtes fait, sans doute, votre part dans ce testament ? Ainsi, monsieur...

— Moi, madame, dit Gagerot d'un air de puritain offensé, je n'ai d'autre part dans ce testament que celle que Mme de Soubiran a voulu absolument me faire. Sa bibliothèque, qui n'a guère de valeur que comme souvenir, voilà tout ce que j'ai accepté.

Mme de Brevise pensa immédiatement qu'il serait prudent, lors de l'inventaire, de faire examiner soigneusement chaque livre, pour s'assurer si la vieille marquise n'y avait pas caché quelques paquets de billets de banque.

— Croyez, monsieur, que je comprends cette délicatesse, et que nous saurons la reconnaître.

— En faisant ce que j'ai fait, dit Gagerot d'un air sentencieux, j'ai obéi à ma conscience : Mme de Soubiran m'a demandé des conseils, je les lui ai donnés comme doit le faire un honnête homme, sans attendre d'autre récompense que la conviction d'avoir fait son devoir.

Sur cette solennelle déclaration, nos deux interlocuteurs allaient se quitter, lorsqu'ils entendirent tout à coup des cris aigus partir de l'étage supérieur.

Mais, avant de dire quelle était la cause de ces cris, nous allons expliquer à nos lecteurs les relations diverses de ces personnages entre eux.

II

EN 1808, il existait en France un M. Chagoin, munitionnaire général, à qui l'empereur ne demanda pas des comptes trop exacts, à la condition qu'il marierait sa fille à M. le marquis de Soubiran, émigré ruiné, devenu comte et chambellan de Sa Majesté impériale.

Le fils aîné du munitionnaire fut chargé d'aller manger une large part des revenus de son père comme préfet de l'un de nos départements d'outre-Rhin, et les millions du père Chagoin se trouvèrent légitimés par l'emploi gouvernemental qu'ils reçurent.

Il arriva de ceci que M. de Soubiran mena une vie fort malheureuse.

Tracassé par sa famille, et surtout par sa sœur, Mme de Brevise, qui s'était mariée en 1812 à un gentilhomme qui lui apportait un nom sans alliage, il prodiguait aux siens la fortune de sa femme sans pouvoir obtenir pour elle la moindre concession. On la tolérait à peine et on ne manquait pas une occasion de plaisanter sur les *riz-pain-sel* et leurs millions, tout en vivant de leurs miettes.

Mme de Soubiran était une bonne femme, et lorsque vint la Restauration, et que, de chambellan, son mari devint gentilhomme de la chambre, elle eut la faiblesse de se brouiller avec son frère l'ex-préfet, pour des gens qui la méprisaient.

Le père Chagoin mourut alors, et son héritage donna lieu à un procès scandaleux entre le frère libéral et la sœur marquise. Toutes relations cessèrent entre eux, et à l'époque de la mort du marquis arrivée en 1830, ni M. Chagoin ni son fils Paul ne vinrent même faire une visite de condoléance à Mme de Soubiran.

La rupture fut à jamais scellée.

M. Chagoin mourut à son tour, et laissa sa fortune à son fils unique, M. Paul Chagoin, qui était aussi l'unique héritier de Mme de Soubiran, puisqu'elle restait sans enfants.

Tant que ledit M. Paul eut en possession forêts, maisons, capitaux, il ne pensa guère à sa tante ; mais, après trois ou quatre ans de folies stupides, lorsque le jeu, les chevaux, les magnifiques soupers et surtout les sylphides de tout ordre eurent profondément écorné la fortune de M. Paul, il se souvint de sa tante et lui écrivit.

Mais la porte était gardée, et Mme de Brevise avait placé près de Mme de Soubiran un homme qui s'était chargé de représenter le neveu comme le plus mauvais garnement de la terre. C'était la vérité, et Mme de Soubiran en était assez convaincue pour ne pas être très ravie de lui laisser sa fortune.

Mais de là à faire donner cette fortune à Camille de Brevise, il y avait une montagne à franchir, et Pontois, l'intendant en question, n'était pas de taille à surmonter une si énorme difficulté.

Cependant ce n'était pas parce que Mme de Soubiran détestait les Brevise, et surtout la jeune Camille, que la chose était si difficile. C'était le fait matériel de faire un testament qui épouvantait la marquise.

Pour elle, comme pour beaucoup de gens, écrire un testament, c'est appeler la mort. Cela lui faisait peur, et il n'y avait qu'un esprit fort qui pût la déterminer à cet acte extraordinaire de courage.

Or, pendant l'été qui avait précédé le mois d'octobre durant lequel se passait la scène dont nous avons parlé, Mme de Brevise, devenue très assidue auprès de Mme de Soubiran, avait rencontré chez elle M. Gagerot, qui venait d'acheter une propriété voisine.

Cette propriété, on prétendait que M. Gagerot n'en avait payé que les droits de vente ; mais elle valait cinq cents francs de contribution, et c'est tout ce que lui demandait M. Gagerot, à qui il ne manquait que cela, du moins le disait-il, pour être nommé député.

Mme de Brevise jugea le Gagerot d'un coup d'œil, et lui raconta le malheur de Mme de Soubiran, qui n'avait d'autre héritier que ce misérable Paul Chagoin.

Elle lui fit comprendre comment il y avait toute chance pour que le neveu héritât de la tante, et cela à cause de la peur puérile qu'éprouvait la marquise de faire un testament. Cette peur, ce ne pouvait être une personne intéressée aux dispositions probables de Mme de Soubiran qui pouvait la combattre, et un étranger aurait bien plus de pouvoir.

Gagerot, à son tour, jugea Mme de Brevise à la troisième phrase, et, sans transition lui offrit ses services. Il était d'une opposition assez avancée pour mériter les voix carlistes de l'arrondissement et Mme de Brevise crut pouvoir les lui promettre.

Toutefois, ce petit marché clandestin n'eût pas été très exactement tenu sans une petite circonstance que Mme de Brevise n'apprit qu'à son retour de Paris, lorsqu'elle s'informa de ce M. Gagerot qu'elle avait laissé près de sa belle-sœur.

Le futur député et le dandy ruiné se connaissaient depuis de longues années, et il se trouvait qu'ils se déplaisaient souverainement, et que Gagerot détestait Paul Chagoin de tout ce qu'il avait de haine.

En effet, en vingt circonstances diverses, le dandy dissipateur avait écrasé par ses prodigalités la parcimonieuse ostentation du prétentieux Gagerot. Il l'avait cent fois fait reculer au jeu par l'insolente énormité de ses enjeux : Gagerot s'étant vanté d'avoir inspiré une violente passion à je ne sais plus quelle célébrité de la danse, Paul la lui avait enlevée en vingt-quatre heures.

D'ailleurs, Paul se moquait prodigieusement des opinions, du désintéressement et surtout de l'austérité politique de M. Gagerot.

Il prétendait que s'il n'était pas vendu, c'est parce qu'il s'estimait dix fois plus qu'il ne valait. Il disait cela à qui lui parlait de Gagerot, et il le disait à Gagerot lui-même : si bien qu'il en résulta un duel où Paul Chagoin eut l'impertinence de tirer au nez de Gagerot et l'adresse de l'effleurer assez légèrement pour l'écorcher à son extrémité.

Enfin, pour combler la mesure, Paul Chagoin avait été le créancier de Gagerot de quelques centaines de louis gagnés au jeu, pour lesquels Gagerot avait fait des billets qu'il n'avait pas payés, et que Paul avait dédaigneusement donnés à son valet de chambre, en lui disant d'en tirer ce qu'il pourrait.

Gagerot avait donc été poursuivi par le valet de chambre de Paul, et quoiqu'il eût payé, le fait avait été raconté et l'insulte connue.

On conçoit dès lors avec quelle sincérité cet homme dut travailler à la déshérence de son ennemi.

Le hasard le servit à merveille. Mme de Brevise était à peine à Paris depuis un mois, que Mme de Soubiran tomba très dangereusement malade ;

Gagerot lui en donna avis, et l'on a pu voir comment il lui apprit qu'il avait tenu sa promesse.

Maintenant nous allons poursuivre notre récit, et dire d'où partaient les cris qui éclatèrent tout à coup dans le château de Mme de Soubiran.

III

Ces cris étaient poussés par Mlle Camille de Brevise, que sa mère trouva en proie à une violente attaque de nerfs.

La comtesse, que Gagerot avait suivie, le pria d'aller dans la chambre de Mme de Soubiran et de lui envoyer Eulalie pour un moment.

M. Gagerot redescendit, et entra avec la précaution ordinaire dans la chambre de la malade ; il fut d'abord très surpris de n'y point trouver Eulalie. Cependant il supposa qu'elle avait pu entendre ces cris, et qu'elle était sortie pour s'informer de ce qui se passait.

Il voulut s'en assurer, et s'approcha de la vieille Marthe, étendue dans un large fauteuil ; mais ce fut inutilement qu'il l'appela à voix basse, qu'ensuite il la toucha, puis la secoua plus rudement, Marthe dormait d'un sommeil que rien ne semblait pouvoir rompre.

Ce sommeil, cette absence d'Eulalie commencèrent à troubler M. Gagerot ; il regarda plus attentivement autour de lui, et s'aperçut que la flamme de la bougie vacillait très vivement : il en chercha la cause, et vit que la porte-fenêtre qui ouvrait de plain-pied de la chambre de la marquise dans le parc n'était point fermée.

Cette nouvelle découverte changea la nature du trouble qu'éprouvait M. Gagerot ; il courut au lit de la malade, et reconnut avec horreur qu'un oreiller lui couvrait la face. Il l'arracha. Mme de Soubiran avait été étouffée et ne respirait plus.

M. Gagerot, épouvanté de cet affreux spectacle et du crime encore plus affreux qu'il accusait, appela de toutes ses forces, et ses cris parvinrent ainsi jusqu'à Mme de Brevise.

La comtesse se trouva dans une cruelle perplexité ; elle avait déjà assez de peine à contenir les violentes convulsions de sa fille, qui s'écriait, dans un complet égarement :

— Je l'ai vue ! je l'ai vue !... La voilà ! la voilà !...

Et le bruit que faisait M. Gagerot lui apprenait qu'il s'était passé quelque sinistre événement.

Cependant les cris de Camille et de M. Gagerot se perdaient dans l'immensité de ce château, et n'éveillaient point les domestiques, couchés dans des communs assez éloignés. La comtesse se décida donc à redescendre, et trouva Gagerot se pendant à toutes les sonnettes.

Mais au moment où elle pénétrait dans la chambre par une des portes intérieures des appartements, la fenêtre s'ouvrit avec fracas et Eulalie se précipita dans la chambre en criant à M. Gagerot :

— Oh ! taisez-vous, monsieur, taisez-vous !

Puis, en apercevant la comtesse, Eulalie poussa un cri et se laissa tomber sur un siège en éclatant en larmes.

Une explication put avoir lieu, et Gagerot apprit à Mme de Brevise l'horrible catastrophe qu'il venait de découvrir.

Cependant l'idée d'accuser une si jeune fille d'un crime abominable ne put venir à la pensée ni de la comtesse ni de Gagerot, et ils lui demandèrent simultanément :

— Mais vous, Eulalie, qu'avez-vous vu ?

— Rien... rien..., reprit-elle d'une voix sourde et en parcourant la chambre d'un regard égaré.

Il était facile de supposer que la peur avait produit cette espèce de délire qui semblait dominer la jeune fille, et Mme de Brevise s'écria la première :

— Il faut éveiller le monde, il faut aller chercher Pontois.

— Mon père ! dit Eulalie en se redressant avec une nouvelle terreur.

En laissant échapper cette nouvelle exclamation, Eulalie était pâle et ses dents claquaient comme si elle eût été en proie au frisson de la fièvre la plus violente.

Cet effroi rappela à Gagerot et à la comtesse le cri qu'avait poussé Eulalie en rentrant : « Oh ! taisez-vous... taisez-vous ! », avait-elle dit.

La comtesse révéla toute la portée du soupçon qui venait de s'emparer d'elle par ce seul mot :

— Pontois ! oh ! ce n'est pas possible.

— Non, s'écria Eulalie, ce n'est pas mon père, ce n'est pas mon père.

La comtesse et Gagerot se regardèrent comme si cette défense eût été une accusation directe, et Gagerot s'écria :

— J'entends du bruit, on vient ; je cours moi-même chez Pontois.

Gagerot prit à tout hasard un énorme bâton et courut chez Pontois, qui demeurait à l'extrémité du parc, à quelques pas de la longue avenue pavée qui menait du château au village. Gagerot n'aborda la petite maison de Pontois qu'en l'examinant avec attention. Il écouta à la porte avant de frapper ; le plus profond silence régnait à l'intérieur.

Peut-être Pontois n'était-il pas chez lui, et cette absence eût été un indice assez grave pour qu'il fût nécessaire de le constater. Gagerot frappa et personne ne répondit ; tous ses soupçons lui parurent se confirmer.

Il frappa plus violemment ; mais presque aussitôt une fenêtre s'ouvrit et Pontois s'écria :

— Qui est là ?...

— C'est vous, Pontois ? lui dit Gagerot.

— C'est vous, monsieur Gagerot ? reprit Pontois... Est-ce qu'il est arrivé quelque chose au château ?... Attendez un moment, je descends, je vais vous ouvrir.

Ceci fut dit si naturellement que Gagerot douta de ses soupçons.

Cependant il se promit d'examiner l'intérieur de la maison de Pontois et de ne rien perdre des moindres gestes ni des plus petits mouvements de cet homme. Pontois vint ouvrir la porte, il ne prit que le temps d'allumer une chandelle et introduisit Gagerot dans sa chambre.

On voyait qu'il venait de quitter son lit ; ses habits étaient soigneusement posés sur une chaise, rien n'attestait dans cette chambre le désordre qui semble devoir suivre une mauvaise action, et l'arrivée inattendue de Gagerot autorisait la vivacité des questions que lui adressait Pontois.

Mais comme Gagerot, fort occupé à tout examiner, lui répondait à peine, Pontois s'écria avec quelque impatience :

— Mais enfin, monsieur, qu'y a-t-il ?

— Il y a, dit Gagerot, que Mme de Soubiran est morte.

— Hélas ! dit Pontois, qui continuait à se rha-

— Souviens-toi du jour où je t'ai trouvé blessé, meurtri, mourant... (p. 14).

biller très tranquillement, il y a deux jours que le médecin nous avait ôté tout espoir. C'était une bonne maîtresse, monsieur ; c'est une grande perte pour le pays, où elle faisait beaucoup de bien. Pauvre madame !

Ce n'était là ni l'indifférence d'un homme sans cœur, ni le désespoir exagéré d'un homme qui joue une atroce comédie.

Gagerot sentit ses soupçons s'évanouir. Il ajouta, sans donner à ses paroles l'intention qu'il y avait mise jusque-là :

— Mais ce qui est affreux, c'est qu'il est à croire qu'elle est morte assassinée.

— Assassinée ! répéta Pontois avec un accent de surprise épouvantée, assassinée ! dans sa chambre, quand Marthe et ma fille veillaient près d'elle ! c'est impossible...

— C'est cependant ce qui est à peu près certain, dit Gagerot.

— Assassinée ! repartit Pontois ; mais comment, par qui, dans quel intérêt ?

De ces trois circonstances, la dernière frappa Gagerot.

La comtesse de Brevise avait seule un intérêt puissant à la mort de Mme de Soubiran, et Pontois, qui lui appartenait, avait-il poussé le dévoûment jusqu'à prévenir la possibilité de la révocation du fameux testament ?

Toutes ces idées entraient si confusément et si rapidement dans la tête de Gagerot, qu'il n'était déjà plus à même d'observer la contenance de Pontois, lorsque celui-ci quitta sa maison et qu'ils reprirent rapidement la route du château, en répétant à chaque pas, d'un ton convaincu :

— Assassinée ! c'est impossible.

Gagerot reprit un peu de présence d'esprit durant la route, et jugea qu'il était inutile de rien dire à Pontois des circonstances relatives au sommeil de Marthe, à la fenêtre ouverte, à la rentrée d'Eulalie dans la chambre, et à sa singulière exclamation.

Ils arrivèrent ainsi jusqu'au château et trouvèrent Mme de Brevise qui les attendait dans l'antichambre.

— Est-ce vrai ? dit Pontois en prévenant toute question, Mme la marquise est morte assassinée ?

La comtesse fit comme Gagerot ; elle sembla vouloir lire au fond de l'âme de Pontois, puis elle lui répondit d'un air en apparence assez calme :

— C'est une supposition qui nous est venue dans le trouble que nous a causé ce fatal événement ; mais ce n'est pas probable.

— N'est-ce pas, madame la comtesse ?... dit Pontois ; mais où est ma fille ?

— Elle est avec Camille, dit Mme de Brevise ; vous la verrez plus tard ; vous, faites lever tout le monde.

— Oui, madame, dit Pontois en quittant l'antichambre.

A peine fut-il sorti, que Mme de Brevise fit un signe à Gagerot, et l'emmena dans le salon.

— Comment avez-vous trouvé Pontois ? lui dit-elle.

— Je vois que vous partagez mes soupçons. Mais jusqu'à présent rien ne les peut confirmer.

Et il lui raconta la manière dont il avait trouvé Pontois et le calme parfait de ses réponses.

— Oui, oui, repartit la comtesse, qu'une idée importante semblait préoccuper, Pontois est incapable d'un crime pareil...

— Et c'est sa fille !

— Eulalie ! s'écria Gagerot.

— Elle-même.

— Mais, reprit Gagerot, qui répéta la grande question sur laquelle se base la probabilité d'un crime, dans quel intérêt ?

— L'intérêt de M. Paul Chagoin.

— Elle ne le connaît pas.

— Oui, dit la comtesse ; mais elle connaît Vaudrillan, le sous-régisseur des biens de la marquise.

— Mais qu'importe ?

— Il importe que Vaudrillan a appartenu à M. Paul Chagoin, et que, depuis trois mois que ce dernier est entré au service de la marquise, il est au mieux avec Mlle Eulalie.

— Alors il faut s'assurer de cet homme.

— Il n'est pas au château.

— Alors ce serait lui...

— Lui, qui, d'intelligence avec Eulalie, aurait pénétré dans la chambre dont cette fille lui aurait ouvert la porte.

— Mais pourquoi ne pas interroger Eulalie, et la laisser près de votre fille ?

— Elle n'y est pas ; mais j'ai trouvé ce prétexte pour empêcher Pontois de la voir ; car il est homme à la tuer sur place, au moindre soupçon d'une pareille atrocité, et nous ne pourrions rien apprendre.

— Mais alors, vous l'avez au moins interrogée ?

— Oui.

— Et qu'a-t-elle répondu ?

— Elle a dû être dominée, entraînée, car elle semble avoir perdu la raison, et ne répond qu'en s'écriant à chaque instant : « Je n'ai rien vu, rien entendu. »

— Oh ! ceci est affreux, dit Gagerot ; il faut prévenir le maire, le juge de paix.

— C'est chose faite, et je les attends.

— Mais, reprit Gagerot, qui torturait sa pensée à chercher une explication plausible à ce crime, ils ignoraient donc que Mme de Soubiran eût fait un testament ?

— Sans doute, dit Mme de Brévise.

Puis, s'arrêtant tout à coup, comme si une pensée soudaine venait la frapper...

— Ce testament ; mais où était-il ?

— Je l'ai moi-même mis sous ses yeux dans un des tiroirs de son secrétaire.

— Oh ! venez... venez..., s'écria la comtesse.

Elle quitta le salon, traversa rapidement les quelques pièces qui le séparaient de la chambre de Mme de Soubiran, et courut au secrétaire.

La clef était dans la serrure ; elle l'ouvrit, et Gagerot lui désigna le tiroir précis où il avait déposé le testament. Les papiers étaient dans un ordre parfait, mais le testament n'y était pas.

— Eh bien ! monsieur ?

— Il y était encore ce matin, dit Gagerot.

La comtesse jeta autour d'elle un regard exaspéré, et vit la vieille Marthe qui dormait toujours sur son fauteuil.

Ce pesant sommeil, qui avait résisté à la scène tumultueuse qui avait d'abord eu lieu dans la chambre, et que n'avait pas troublé l'entrée précipitée de la comtesse et de Gagerot, appela alors leur attention. Ils essayèrent de réveiller cette vieille femme et n'en tirèrent que quelques sourds murmures.

Une tasse vide, dans laquelle il y avait eu du café, était posée à côté de Marthe, sur un petit guéridon, et à côté de cette tasse la cafetière que tenait Eulalie lorsqu'elle avait paru dans le salon.

Mme de Brevise les montra du doigt à Gagerot, qui répondit à ce geste :

— Ils auraient donc endormi cette femme ?

— Prenez cette cafetière, et enfermez-la avec ce qu'elle contient. Oh ! ce crime a été combiné avec une effroyable prévision.

— Attendez, s'écria Gagerot... Oui, Eulalie était dans cette chambre au moment où j'ai mis le testament dans ce tiroir. C'est elle... Il est impossible d'en douter maintenant.

— Elle doit encore l'avoir, à moins qu'elle ne l'ait

anéanti!] s'écria la comtesse. Il faut nous en assurer.

Elle ouvrit la porte d'un corridor qui menait à un petit boudoir, en disant :

— Je lui ai ordonné de m'attendre ici.

Ils entrèrent dans le boudoir. La fenêtre était ouverte, et il n'y avait personne.

— Elle s'est échappée ! s'écria la comtesse.

Et à l'instant même l'ordre fut donné à tous les domestiques de courir après Eulalie.

Mais on fit de vains efforts durant cette nuit obscure pour retrouver sa trace, et ce ne fut qu'au point du jour, en suivant l'empreinte de ses pieds, qu'on la vit se diriger du côté de la rivière qui bordait le parc. Là, ces traces disparaissaient, et on acquit la certitude que, poussée par ses remords et la conviction que son crime avait été découvert, elle s'était précipitée dans la rivière.

Cependant on ne découvrit point son corps.

Mais la rivière était rapide et profonde, et les recherches demeurèrent sans résultat.

Du reste, aucune preuve ne manqua à la conviction de tous, et tout dut faire croire que c'était Eulalie qui avait commis le crime. En effet, voici d'où étaient venus les cris poussés par Mlle Camille de Brevise.

IV

Un moment après que sa mère l'eut quittée, elle crut entendre au-dessous d'elle le bruit d'une fenêtre qui s'ouvrait mystérieusement.

Honteuse des terreurs qu'elle avait montrées devant M. Gagerot, Camille ne voulut pas céder à l'effroi qui s'empara d'elle. Mais elle se rappela que sa chambre était située au-dessous de celle de Mme de Soubiran, et se dit que sans doute on donnait un peu d'air à la mourante.

Mais ce raisonnement ne calma point l'effroi de Camille, et par un pouvoir plus fort que sa volonté, elle se leva ; et pour mieux reconnaître la nature du bruit qui l'épouvantait ainsi, elle courut à la croisée, située précisément au-dessus de cette porte, et entendit plus distinctement qu'on l'ouvrait.

Camille, satisfaite de sa propre fermeté qui lui avait fait reconnaître la nature de ce bruit qui l'alarmait si fort, voulut s'assurer tout à fait de la vérité pour se donner la conviction de la puérilité de ses terreurs ; car elle avait aussi entendu ouvrir des persiennes. Mais sa frayeur, qu'elle combattait avec une résolution véritable, reprit tout à coup son empire lorsqu'elle vit à quelques pas de la persienne une sorte de fantôme immobile.

Camille poussa un cri ; et le fantôme, glissant avec une rapidité au ras de la terre, disparut dans l'obscurité de l'une des contre-allées de la grande avenue.

Voilà comment elle raconta à sa mère la cause de ses cris, et elle ne changea rien à ce récit

devant les magistrats, si ce n'est que le fantôme était une femme.

Cette déposition si importante fut du reste reconnue parfaitement vraie ; car le lendemain on retrouva sur la terre détrempée par la pluie l'empreinte des pas d'Eulalie. Ces empreintes étaient jusqu'au bout de l'avenue, s'arrêtaient à un endroit où un cheval avait longtemps piétiné, et revenaient ensuite au château.

Ceci était l'explication la plus formelle du retour d'Eulalie.

Quant aux traces du cheval, on pouvait à peine les suivre durant quelques pas, et elles disparaissaient presque aussitôt sur le pavé de la grande route. Cependant elles désignaient suffisamment un complice, et Vaudrillan fut arrêté.

Mais il se trouvait que Vaudrillan était à dix lieues du château pendant la nuit où se consomma l'assassinat, et durant toute cette nuit il avait dansé à la noce d'un de ses amis. Cent témoins attestèrent l'avoir vu à toutes les minutes de cette longue nuit, et force fut de porter les soupçons d'un autre côté.

On eut bien quelque envie de les porter sur Paul Chagoin lui-même. Mais Paul Chagoin n'avait point quitté Paris.

Il fallut donc rester dans l'incertitude la plus complète sur le véritable auteur de l'assassinat ; car Eulalie n'avait pu être que l'instrument d'un criminel plus intéressé qu'elle-même à la disparition du testament et à la mort de la marquise.

Le café, soumis à une analyse chimique, expliqua le sommeil étrange de Marthe.

Parmi les médicaments ordonnés à la marquise, et qu'Eulalie était chargée d'administrer, elle avait choisi une fiole de gouttes de laudanum et l'avait versée dans le café. C'était elle-même qui avait pris le café à l'office.

Toutes les circonstances accessoires l'accusaient invinciblement, et son suicide ne laissa plus aucun doute sur sa culpabilité.

Cependant le résultat de cet événement profita à Paul Chagoin, soit qu'il en fût innocent, soit qu'il y eût trempé par lui ou par un de ses agents. Le testament n'existait plus, la succession s'ouvrit naturellement, et le dandy redevenait plus riche qu'il ne l'avait jamais été.

Quant à Pontois, aucun soupçon ne s'éleva contre lui. Il avait reconduit le curé jusqu'à sa porte, et s'il fût revenu au château au lieu de rentrer chez lui, on eût trouvé la trace de ses pas, comme on avait trouvé la trace des pas d'Eulalie.

Cependant, à partir de ce jour, il tomba dans une affreuse tristesse, et bien que Paul Chagoin lui eût conservé sa place, ce qui devait être pour lui une grande consolation, vu qu'il était fort avide, il devint plus sombre de jour en jour, et finit par être attaqué d'un marasme qui le conduisit rapidement au tombeau.

Mais aucune parole n'osa accuser cet homme que la mort de sa fille et la honte de son crime conduisaient au tombeau ; et six mois après la mort de Mme de Soubiran, Pontois mourut, après avoir rempli ses devoirs de chrétien, et avoir reçu à sa dernière heure les consolations de M. Denis, le curé du village.

Cette affaire fit peu de bruit. Elle s'était passée a plus de cent lieues de Paris, les journaux la racontèrent fort succinctement, la mort d'Eulalie ayant enlevé à ce crime tout le dramatique qui eût pu résulter du procès, et un mois après il n'en était plus question.

Mlle Camille de Brevise, bien que frustrée de ses magnifiques espérances, fit un mariage splendide, et épousa M. Anatole de Changiron.

Paul Chagoin recommença ses folies avec la fureur d'un homme qui a subi l'humiliation de paraître devenir sage par misère, et ce fut un an, jour pour jour, après cette scène que se passa celle que nous allons raconter.

V

Nous sommes maintenant dans une de ces maisons du quartier Saint-Georges, éclairées par de vastes ouvertures vitrées, et renfermant à leur étage supérieur une demi-douzaine de vastes ateliers de peintres.

C'est là que règnent dans toute la splendeur de leur vétusté les vieilles armes, les vieilles tapisseries, les vieux meubles, les vieilles pipes pittoresquement arrangées sur les murs. Il n'y a guère que le divan, où s'étalent les amis et les toiles non vendues de l'artiste, qui soit d'origine moderne.

Du reste, c'est dans ces asiles de l'art que se tiennent les conversations les plus excentriques par l'étrangeté des propositions et la singularité spéciale du langage.

Le premier atelier où nous allons faire pénétrer nos lecteurs appartenait à M. Eugène Lavignan, talent médiocre, mais léché, luisant, souriant et doué d'une faculté qui mène droit à la fortune.

Depuis dix ans, Lavignan faisait toujours le même portrait, c'est-à-dire que toutes les femmes qu'il peignait avaient de grands yeux, de petites bouches, un teint admirable, des bras blancs et ronds, des mains délicates, et cependant tout cela était assez ressemblant pour qu'on ne pût méconnaître les modèles.

Aussi Lavignan était-il fort à la mode parmi les femmes, même parmi celles qui avaient un sentiment vrai de la peinture. Elles n'eussent pas échangé un croquis d'Ingres ou d'Ary Scheffer contre le meilleur tableau de Lavignan ; mais à l'heure du portrait, Lavignan eût été préféré à Van Dyck lui-même.

Les femmes les plus laides embellies sur la toile ont toujours un jour, une heure, un moment, une minute de bonheur, où elles ressemblent un peu à leur portrait, et cela suffit pour leur persuader qu'elles lui ressemblent complètement.

— C'est comme ça que sont faites les femmes, disait Gagerot d'un air superbe ; c'est à prendre ou à laisser.

M. Gagerot, qui procédait à son élection par les moyens les plus extraordinaires, avait toutefois choisi Lavignan pour faire son portrait. Il venait de quitter la table près de laquelle il était assis la tête dans sa main, les yeux au plafond et le coude appuyé sur trois ou quatre volumes de romans qui devaient représenter les œuvres de Jérémie Bentham sur la tactique des assemblées législatives, et il s'était posté derrière Lavignan, qui lui cirait les cheveux en boucles soyeuses avec un énorme blaireau.

— Hein ! fit le peintre, en voilà de la chevelure !

— Oui, reprit Gagerot ; mais il me semble que le front manque de largeur.

— Possible, dit Lavignan. Nous le développerons.

— Et puis, reprit Gagerot en baissant la voix, le sourcilier manque de saillie... Remarquez : j'ai les bosses de la méditation et de la comparaison des idées extrêmement saillantes...

— Possible, dit Lavignan.

— Voyons, cria une voix qui passa à travers un nuage de fumée, sois bon enfant, Lavignan, fais-lui tout de suite une tête de penseur et d'homme de génie. Vois-tu, mon cher, Gagerot va le faire lithographier ça, et il expédiera son *facies* à tous les électeurs de son arrondissement. Un homme lithographié, mon cher, c'est quelque chose, ça compte en politique.

Gagerot haussa les épaules, et reprit sa place en disant :

— C'est toujours la même plaisanterie, mon bon Chagoin. Je vous conseille d'en changer.

— Ah ! s'écria Chagoin sans répondre ; viens donc ici, Lavignan, il a un jour sur le méplat de son nez qui le fait reluire superbement ; tiens ! comme ça, à travers la fumée de mon cigare, c'est comme une étoile dans la brume.

— Laisse donc son nez tranquille, dit un second fumeur en secouant sa cendre.

— Laisser tranquille le nez de Gagerot ! mon cher, repartit Chagoin ; mais son nez m'appartient, c'est mon œuvre, c'est ma créature, c'est moi qui l'ai inventé, je l'ai produit dans le monde, je lui ai fait une réputation. Gagerot, j'adore votre nez.

Gagerot fronça le sourcil ; mais Lavignan, qui s'était approché de la table, lui dit tout bas :

— Ne lui dites rien, il est gris comme l'obélisque.

A ce moment, on frappa à la porte d'une façon discrète.

Un cri général dit au nouveau-venu :

— Entrez.

Et l'on vit immédiatement apparaître un beau jeune homme d'une véritable élégance, et qui s'arrêta sur la porte comme s'il se trompait.

— Tiens, dit Paul Chagoin, c'est Changiron ; bonjour, Changiron ; voulez-vous un cigare, Changiron ?... Ah ! c'est vrai, vous êtes marié, vous ne fumez plus ; mes respects à Mme de Changiron.

Puis il se pencha vers son acolyte de fumée, et lui dit plus bas :

— Fini, Changiron, enfoncé, marié, plus rien, plus d'homme, marié à mort, fini ! fini !

Pendant ce temps, Anatole de Changiron saluait Gagerot, qui le connaissait par Mme de Brevise, et disait à Lavignan :

— Pardon, monsieur, je croyais entrer chez M. Manuel Torcy.

— C'est la porte à côté, dit Lavignan avec l'aménité d'un commerçant qui espère enlever une pratique à un voisin.

— J'ai frappé à cette porte, mais on ne m'a pas répondu ; et comme le concierge m'avait dit que M. de Torcy était à son atelier, j'ai craint de m'être trompé. Je vais frapper plus fort.

— Et on ne vous ouvrira pas davantage, dit une superbe femme en sortant de derrière un grand paravent qui faisait fond à la figure de Gagerot.

— Il n'est donc plus dans son atelier ?

— Si, si, si ; il y est toujours, dit cette belle dame en se mirant dans une glace Louis XV ; mais il est avec sa femme, et quand il est avec elle, il n'ouvre à personne.

— Dis donc, Lavignan, s'écria Paul Chagoin du fond de trois coussins, où il s'était enterré pour dormir, est-ce qu'il a fait comme toi, est-ce qu'il a épousé un modèle ?

Lavignan se mordit les lèvres.

Mme Cornélie Lavignan, ainsi posée, laissa échapper une exclamation que nous ne pouvons guère traduire poliment que par le mot : *Butor !*

Et le fumeur assis à côté de Chagoin s'empressa de répondre :

— S'il a épousé ladite femme, en tous cas c'est bien secrètement ; car personne n'en a été averti. Tout ce que je sais, c'est qu'il l'a ramenée à son retour de Suisse. Quant au reste, complètement inconnu... complètement inconnu.

— Bah ! dit Paul Chagoin ; je parie que je la connais, ou que tu la connais, ou que Changiron la connaît. Ce doit être quelque chose comme ça dont il est devenu amoureux après tout le monde, et qu'il cache par vergogne pour sa stupide passion.

— Vous êtes fin comme d'habitude, repartit Cornélie d'une voix aigre et paillarde ; Manuel ne cache rien du tout. C'est sa femme qui ne veut voir personne, qui ne veut jamais sortir, et qui vit solitaire comme un moine dans un bénitier.

La comparaison de Mme Cornélie Lavignan excita un rire si immodéré chez tous les auditeurs, et particulièrement chez Paul Chagoin, qu'on oublia un moment Manuel et son inconnue.

— Superbe, pyramidal ! s'écriait Paul, tandis que Lavignan devenait rouge jusqu'au blanc des yeux, et que Changiron, fort embarassé de sa personne, attendait le moment de pouvoir saluer et se retirer.

— Cornélie..., murmura Lavignan avec un regard foudroyant, Cornélie...

— Eh ! laisse-moi donc tranquille ; avec ça qu'il est si lettré, M. Paul Chagoin, pour se moquer des autres, lui qui un jour m'a écrit :

Ma chère âme,

pour   *Ma chère amie.*

Ce fut une nouvelle explosion de la part de Chagoin ; mais les autres auditeurs, comprenant que ceci dépassait de beaucoup le coq-à-l'âne, se continrent de leur mieux. Cornélie n'eut pas du tout l'air embarrassé et, s'avançant vers Changiron, elle lui dit :

— Tenez, monsieur, attendez un peu. Je vais entrer chez Manuel ; il m'ouvrira, à moi. Je lui dirai que vous êtes ici, et il viendra vous parler.

— Je vous remercie, madame, lui dit Changiron avec le ton de déférence qu'il eût employé vis-à-vis d'une duchesse ; je regrette la peine que vous allez prendre, mais vous me rendrez un véritable service, car je suis chargé d'un message important pour M. de Torcy.

Cornélie écouta Changiron comme si elle eût entendu parler une langue inconnue, et ne put répondre que par une profonde révérence.

Elle sortit ; mais, avant de quitter tout à fait l'atelier, elle se retourna, regarda de nouveau Changiron, et dit au fumeur qui était près de la porte :

— Je parie que c'est un homme comme il faut, ça.

VI

P AUL Chagoin avait ses inconvénients, mais il avait aussi ses avantages.

S'il jetait au milieu de la conversation des mots blessants et qui embarrassaient tout le monde, il se mettait si bien au-dessus de cet embarras qu'il en faisait sortir les autres. Ainsi, lorsque Cornélie fut partie, il dit à Lavignan, comme si rien de choquant ne s'était passé entre eux :

— Mais ta femme connaît donc l'inconnue ?

— Oui, répondit Lavignan ; elles sont même assez liées. Mme de Torcy ne veut accompagner son mari nulle part, et Cornélie déteste le monde.

— Connu, murmura Paul entre ses dents, c'est que tu ne veux pas l'y mener pour cause de cuirs trops fréquents.

— Il en arrive que souvent, continua Lavignan, elles passent leurs soirées ensemble.

— Mais alors tu dois la connaître aussi, cette inconnue ?

— Oui, nous logeons ensemble dans la même maison.

— Et, dit Paul Chagoin, ce n'est rien de chez nous... hein ?

— Oh ! non... non !... je t'en réponds, repartit le peintre avec un accent plein d'une conviction respectueuse pour la femme dont il parlait.

— Alors, dit Chagoin, c'est qu'elle est extrêmement laide.

Lavignan laissa échapper un petit rire, en continuant à polir sur la toile le nez de Gagerot.

— Elle n'est pas laide, dit celui-ci, qui comprit le sens du rire de Lavignan.

Le peintre quitta sa toile, et, se posant comme un homme qui va faire une déclaration importante, il repartit d'un ton résolu et avec un geste enthousiaste :

— Imaginez-vous que vous ne connaissez rien, vous n'avez rien vu, vous ne savez rien de rien. Voyez-vous, c'est une beauté, des yeux, un front, une bouche, un tour de visage, une taille, une main... c'est quelque chose d'impossible, c'est beau à faire crier !

L'admiration du peintre, bien que singulièrement exprimée, n'en était pas moins très vivement sentie.

Changiron en fut lui-même assez surpris.

— Comment, c'est à ce point-là ? dit-il.

— Ah ! fit Lavignan en poussant un gros soupir et en se reprenant à polir le visage de Gagerot, dont il arqua les sourcils retroussés, probablement en souvenir de ceux de la belle inconnue.

— Eh bien ! alors, dit Paul, c'est que son mari en est jaloux comme un Bédouin, et qu'il l'enferme à la moresque.

— On t'a déjà dit, repartit Lavignan, que c'est elle qui ne veut pas sortir.

— Alors, dit Paul Chagoin, qui ne voulait jamais démordre d'une idée qu'il avait mise en avant, j'en reviens à ma première supposition. C'est une Madeleine repentante, une Marion Delorme amoureuse.

— Pourquoi supposer cela ? dit Changiron dont la curiosité était passablement excitée ; pourquoi ne serait-ce pas quelque pauvre jeune fille que Manuel a enlevée pour sa beauté ?

— Ou peut-être, dit Gagerot, qui s'imagina que sa qualité de libéral exigeait une réponse à une pareille supposition, c'est quelque noble demoiselle qui a suivi Torcy pour son talent.

— Eh bien ! dit Chagoin quoi que ce soit, je le saurai. Je découvrirai la belle ; et, pas plus tard que tout de suite, je me mets en sentinelle à la porte de l'atelier, et je n'en bouge pas.

Au moment où Chagoin se levait pour exécuter sa résolution, la porte de l'atelier s'ouvrit, et Manuel Torcy entra. Il fit un petit signe de camarade à Lavignan, et alla droit à Changiron.

Mais en passant il examina Gagerot et Paul Chagoin ; il était si fort préoccupé de leur présence, que tout en parlant à Changiron il ne cessait de jeter sur eux des regards où se mêlaient une curiosité envieuse et une haine instinctive.

— Vous voulez me parler, monsieur de Changiron ?

— Oui vraiment, la grande affaire est résolue, et nous en avons enfin ramassé tous les matériaux.

— Ah ! dit Manuel qui semblait occupé de tout autre chose que d'affaires, eh bien ! monsieur le marquis, je suis à vos ordres.

— Il faut d'abord que nous causions un peu des conditions. C'est fort considérable.

Manuel parut écouter un bruit de pas légers courant dans l'escalier, et il répondit :

— Eh bien ! si vous voulez, nous allons passer dans mon atelier.

Comme ils quittaient celui de Lavignan, Cornélie rentra.

— Eh bien ! dit Chagoin, il ne cache pas sa dulcinée aussi hermétiquement que vous le dites, voilà Changiron qui va voir cette Vénus idéale.

— Baste ! dit Cornélie, l'oiseau est envolé, et elle est descendue chez elle. Mais qu'est-ce qui vous a dit que c'était une Vénus ?

— Pardieu ! c'est votre mari.

— Ah ! fit Cornélie qui jeta un regard furieux à Lavignan ; ça ne m'étonne pas, il en est ébahi de cette sylphide, comme il l'appelle ; il croit que c'est une princesse déguisée descendue sur terre...

— Eh ! dit Gagerot qui croyait toujours faire acte de politique libérale en jetant à tort et à travers toutes sortes de sottises contre ce qui le dépassait, on a vu des princesses faire mieux que ça.

— C'est possible, reprit Cornélie, mais je vous réponds, moi, qu'elle n'est pas princesse, car elle vous connaît.

— Moi ! dit Gagerot, qui se sentit gonflé à ce mot.

— Lui ! dit Paul Chagoin en se levant sur son séant.

— Et vous aussi, elle doit vous connaître, car lorsque j'ai été dire à Manuel que M. Changiron voulait lui parler, il m'a demandé qui est-ce qui était dans l'atelier de mon mari, et quand je vous ai nommés tous deux, Antonie a poussé un cri d'étonnement, et est devenue toute pâle.

— Ah ! ah ! fit Paul Chagoin en se rapprochant de Cornélie, ceci se complique.

— Comment l'avez-vous nommée ? dit Gagerot.

— Antonie.

— Antonie, répéta Chagoin, je n'ai pas d'idée d'une Antonie... pas la moindre Antonie dans mes souvenirs ; et vous, Gagerot ?

— Ah ! ma foi, dit Gagerot d'un air suffisant, je ne tiens pas registre de ces sortes de souvenirs ; et puis, d'ailleurs, ces dames changent fort bien de nom.

— Possible ! dit Cornélie d'un ton sec, comme si cette assertion eût été un reproche pour elle ; mais, ajouta-t-elle, du moment que l'Antonie ou toute autre a l'honneur de vous connaître, il est sûr que ce n'est pas une princesse. Entends-tu, mon cher, ajouta-t-elle en s'adressant à son mari, ce n'est pas une princesse, quoique ça soit une puriste, comme tu dis.

— C'est bon, c'est bon, dit Lavignan, qu'elle soit ce qu'elle voudra, ça ne me regarde pas, ni toi non plus ; ainsi, je te prie de n'en plus parler, et quant à ces messieurs...

— Ces messieurs, dit Paul Chagoin, ne te demanderont pas ton avis pour faire ce qui leur conviendra.

— Tiens, voilà midi qui sonne, dit Cornélie, et ta madame C... va venir poser deux heures pour son portrait, et tu lui avais promis que ses mains seraient faites.

— C'est vrai, dit Lavignan. A demain, monsieur Gagerot, nous reprendrons ça. Voyons, Cornélie, mets-toi là que j'ébauche les mains.

— Ah ! dit Gagerot, ces belles mains-là vont donc remplacer les pattes osseuses de la riche banquière ?

— Il y en a de plus huppées qu'elle qui s'en parent dans leurs portraits, répondit Cornélie ; sans compter que j'ai posé pour les épaules de la comtesse de G..., qui est bossue ; pour les bras de Mme de V..., pour...

— C'est bon, reprit Lavignan ; tu n'as pas besoin de crier ça par-dessus les toits.

— Avec ça que je les chéris, tes dames qui te cajolent au jour la journée, quand tu les as bien rajustées, et qui ne me diraient pas un mot

aimable, à moi qui me tue le corps et l'âme à
poser pour elles !

Sur ce, Gagerot et Paul Chagoin se retirèrent
avec le fumeur silencieux, qui s'était endormi sur
le divan.

VII

ALTERCATION conjugale de M. et Mme Lavignan
continua avec un caractère très remar-
quable ; le mari peignant de son mieux tout
en faisant une querelle à sa femme, et
Cornélie se tenant dans l'immobilité d'un
modèle pendant qu'elle apostrophait son mari le
plus aigrement du monde.

Mais comme le sujet de l'entretien n'appartient
pas à notre récit, nous nous dispenserons de le
rapporter à nos lecteurs, et nous passerons dans
l'atelier de Manuel Torcy pour savoir de quelle
grande affaire le marquis de Changiron était venu
entretenir le peintre.

— Je vous prie de m'excuser, avait dit Torcy en
introduisant le marquis dans son atelier ; mais
j'étais si occupé que je n'avais pas entendu
frapper.

Changiron était un homme de trop bonne compagnie pour dire à Manuel qu'il savait la raison
qui l'avait empêché d'entendre ; il accepta l'excuse
comme bonne, et lui répondit :

— Je comprends cela... quand on est dans l'ins-
piration du travail... cependant, je suis charmé de
pouvoir causer de mon projet avec vous, et d'en
finir, si c'est possible ; car, si vous me refusez, je
vous avoue que je ne saurais à qui m'adresser.

— Il ne manque pas de peintres qui ont plus de
talent que moi.

— C'est ce que je ne reconnais pas, dit Changiron ; mais à part le talent, c'est l'extrême discrétion, l'intelligence et la rapidité qu'il faut pour un
pareil travail. Vous êtes homme à me comprendre,
vous. Songez que c'est pis qu'une mauvaise action
que je vais faire ; ce serait un ridicule à ne jamais
m'en relever que je me serais acquis, si l'on soupçonnait jamais la vérité.

— Vous avez donc tous vos originaux ?

— J'en ai du moins un bon nombre ; quelques
mauvaises toiles déterrées dans les greniers de
mon hôtel, une douzaine de vieux cadres restés à
mon château de Clermont, et un assez bon nombre
de miniatures très belles forment une collection
assez complète de tous les Changiron connus, et
c'est à peine si nous aurons deux ou trois figures
à inventer pour que la généalogie se suive sans
interruption.

— Combien tout cela peut-il faire de figures ?

— Une cinquantaine à peu près. Mais avec votre
facilité, ce n'est pas le nombre qui est embar-
rassant, c'est le caractère de chaque époque qui
sera difficile à saisir. Songez que ma belle-mère
veut au moins un Van Dyck dans la collection, et
comme une de mes aïeules se trouve nommée dans

une liste de dames qui assistaient à une fête
qu'Henri II donna à Fontainebleau, elle exige qu'il
soit peint par El Rosso. Nous voulons aussi force
Mignard, et puis des Creuzes ; enfin, mon cher
Manuel, c'est la succession de toutes les écoles à
refaire.

— Avec les modèles que vous avez et quelque
habitude du pinceau, il n'est pas impossible de
faire un pastiche assez probable et qui puisse tromper des gens qui ne s'y connaissent pas.

— Mais vous comprenez, monsieur le marquis,
qu'une indiscrétion de votre part serait encore plus
fâcheuse pour moi que pour vous.

— Tant mieux ! si vous l'entendez ainsi, dit
Changiron ; car, entre nous soit dit, vos confrères
ne sont pas renommés pour considérer gravement
leur art, et il y en a plus d'un qui ferait de ceci la
plus amusante histoire d'atelier.

— Je le crois, dit Torcy en souriant ; mais, ajouta-t-il d'un ton triste, le temps est passé où je me
plaisais aussi à ces folles gaietés.

— C'est vrai, dit Changiron, vous êtes bien
changé depuis votre retour de Suisse, et...

Le marquis s'arrêta, car la pensée de la femme
de Manuel lui était revenue, et il craignait de
blesser Torcy en lui en parlant.

Le peintre parut le comprendre et répéta en
interrogeant le marquis du regard :

— Rien, rien, fit le marquis, c'est une remarque
que tout le monde a faite, mais que personne n'explique contre vous. Revenons à notre affaire. Je
vous disais qu'il me manquait quelques portraits,
et parmi ceux-là le plus important est celui de la
fameuse Marguerite de Changiron, qui fut l'amie,
la confidente d'Anne d'Autriche.

— Oui, dit Manuel, il paraît qu'elle était d'une
merveilleuse beauté.

— Ma foi, dit Changiron en riant, il paraît du
moins que beaucoup de gentilhommes la trouvèrent d'une beauté à se ruiner et à se tuer pour
elle ; mais probablement les peintres ne furent pas
de cet avis, car je n'ai pas pu trouver un portrait
d'elle.

— C'est étonnant ! dit Manuel ; mais avez-vous
une idée de son genre de beauté ? était-elle brune,
blonde ?

— Ni brune, ni blonde : des cheveux d'un châ-
tain clair et brillant, une tête de vierge, avec de
grands yeux bruns bordés de cils de velours, et
surmontés de sourcils noirs... Je ne peux pas trop
vous dire ce qu'elle était ; mais il paraît que c'était
une beauté complète, et que tout en elle était
parfait.

A ce moment le peintre écarta vivement une toile
verte qui recouvrait un tableau posé sur un cheva-
let, et dit à Changiron, en lui montrant une admirable ébauche :

— Est-ce qu'une tête pareille ne répondrait pas
à l'idée que vous vous faites de cette idéale beauté ?

— Oh ! s'écria Changiron avec un accent d'admiration bien sentie ; voilà qui est beau !... très
beau !... très beau !... Je vous fais mon sincère...
très sincère compliment ; mais je ne crois pas
qu'il existe une femme au monde qui puisse res-
sembler à cela.

— Ah ! fit Manuel en observant Changiron, ce visage ne vous rappelle rien ?

— Rien, pas même les rêves les plus impossibles de ma jeunesse..... Vrai, c'est une création digne de Raphaël !

— C'est un portrait, dit Manuel : c'est le portrait de ma femme.

— Pardieu ! s'écria Changiron, je ne m'étonne pas si Lavignan nous a dit qu'elle était si belle.

— Vous en avez donc parlé ? reprit le peintre en cachant la toile avec un geste convulsif, et en dévorant Changiron d'un regard ardent.

— Oh ! mon Dieu ! fit Changiron, qui remarqua l'altération des traits de Manuel, nous en avons parlé seulement sous le rapport de sa beauté.

— Seulement sous ce rapport ? dit Manuel.

— Pas autrement, je vous le jure.

Manuel brisa l'appui-main qu'il tenait, avec un mouvement de rage.

— Qu'avez-vous donc ? dit Changiron.

— Rien... rien..., dit Manuel en se promenant un moment dans son atelier.

— Quand pourrez-vous commencer ? reprit Changiron, qui souffrait de la douleur que semblait éprouver l'artiste.

— Quand vous voudrez, reprit celui-ci ; mais, reprit-il, Gagerot ni Chagoin n'ont rien dit de ma femme ?

— Ah çà ! voyons, dit Changiron d'un air amical : est-ce que la jalousie vous tourne la tête ? votre femme est belle, on ne peut pas plus belle ; mais un Gagerot, un Paul Chagoin vous alarment !... C'est de la folie !

— C'est que vous ne savez pas..., dit Manuel.

— Quoi donc ?

— Rien... rien, repartit le peintre. J'ai juré de me taire ; mais vous, monsieur le marquis, vous pouvez parler : Gagerot et Paul Chagoin n'ont rien dit de ma femme ?

— Que voulez-vous qu'ils en aient dit ? Ils ne la connaissent pas.

— Vrai !

— Ils ne l'ont jamais vue.

— Jamais ? On s'est étonné seulement du soin que vous mettiez à la cacher à tous les yeux.

— Vous avez raison, dit Manuel en serrant les dents ; ils ne l'ont jamais vue depuis qu'elle est ma femme... C'est juste... c'est juste !..., Mais ne parlons plus de cela, monsieur le marquis. On me trouve bien ridicule, n'est-ce pas ? Eh bien ! soit, je veux l'être..... On invente des histoires à ce sujet : on dit que ma femme est quelque princesse qui se cache, ajouta-t-il en s'efforçant de rire, ou peut-être... qui sait ! continua-t-il en pâlissant devant sa propre pensée, quelque échappée de Botany-Bay... ou...

— Torcy, lui dit sérieusement Changiron, vous devenez fou. Que diable ! vous la connaissiez, vous saviez ce qu'elle était ; et lorsque vous l'avez prise, vous avez accepté en homme courageux son passé, s'il est mauvais.

— Vous croyez donc qu'il l'est ? dit Manuel en pâlissant.

— Je ne puis répondre à une pareille folie. Voyons, calmez-vous !

Manuel se secoua comme un homme obsédé par un affreux cauchemar, et répondit :

— Vous avez raison. Tout cela vous intéresse fort peu ; n'en parlons plus du tout... Envoyez-moi vos toiles, vos miniatures, tout ce que vous avez, et nous commencerons.

— Vous aurez tout cela demain... Adieu, et soyez raisonnable.

— Je le suis, dit Manuel dont la voix frémissait. C'est une idée, une sottise qui m'avait passé par la tête. Adieu, adieu !

Changiron sortit ; mais à peine eut-il fermé la porte, que Manuel, dans un transport de rage inexprimable, s'élança vers la toile où il avait peint le portrait de sa femme, la lacéra à grands coups de couteau, brisa le cadre, le foula sous ses pieds ; puis, anéanti par son propre transport, tomba sur un siège en fondant en larmes.

Peu à peu cet orage insensé de son âme se calma. Il se releva alors comme un homme redevenu calme, mais décidé à une action décisive.

Il cacha dans un coin les lambeaux de la toile déchirée, et murmura en quittant son atelier :

— Non, je ne puis vivre ainsi plus longtemps ; j'en deviendrais fou. Il faut en finir aujourd'hui, aujourd'hui même !

Il quitta alors son atelier, et, le cœur armé d'une résolution qu'il croyait invincible, il descendit dans son appartement et ouvrit brusquement la porte de la chambre de sa femme.

Au moment où Manuel entra, elle était à genoux devant un christ, la tête cachée dans ses mains, et, lorsqu'elle se retourna, il vit que son visage était inondé de larmes.

Elle priait.

VIII

L'ASPECT d'Antonie, qui jeta sur lui un regard désespéré, Manuel sentit sa résolution s'ébranler et fléchir.

L'empire que la présence de cette jeune fille exerçait sur l'artiste était immense. Dès qu'il en était séparé, il se révoltait contre l'adoration fanatique qu'elle lui inspirait ; mais sitôt qu'il la voyait il redevenait l'esclave soumis qu'un coup d'œil de son maître fait ramper dans la poussière. Nous n'essaierons pas d'expliquer cette toute-puissance d'Antonie sur Manuel, ni par la beauté parfaite de la femme qui exaltait l'imagination du peintre, ni par la résignation angélique de son caractère qui se prêtait sans résistance aux volontés de l'homme, ni par le doux agrément de son esprit qui charmait la pensée sérieuse de Manuel.

Ce ne sont point là des qualités par lesquelles les hommes se laissent séduire et dominer si complètement.

Les femmes qui inspirent des passions si absolues sont celles qui peuvent nous échapper à chaque instant.

Que ce soit par sa position ou ses devoirs, par

son indifférence ou ses nouvelles ardeurs, que ce soit par ses remords ou même par ses caprices que la femme qu'on aime alarme notre amour, il est certain que celle-là seule qu'on craint de perdre nous possède tout entiers. C'est une conquête qui n'est jamais achevée et qu'on poursuit sans cesse.

Voilà pourquoi tant de femmes bonnes, calmes, unies, voient avec amertume fuir loin d'elles un amour qu'on prodigue à d'autres qui, à leur gré, le méritent moins qu'elles. Ces pauvres cœurs ignorent que la lutte est la vie de toutes les passions, et que pareilles au soldat de Marathon, elles meurent dès qu'elles ont touché le dernier but et poussé le dernier cri de victoire.

Aussi fallait-il qu'Antonie eût quelque chose de plus que sa beauté, son esprit, sa douceur, pour exciter dans le cœur de Torcy ces transports tumultueux de colère et ces apaisements soudains, qui sont les plus vrais symptômes d'un amour aveugle.

Ce charme singulier était pour cette femme dans le mystère impénétrable qui enveloppait son passé aux yeux mêmes de Manuel.

Là était la lutte incessante de cet amour ; là était la source de ces doutes cuisants qui déchiraient le cœur du peintre. Bien souvent il l'avait interrogée sur son passé ; mais prières, larmes, désespoir, menaces d'abandon, fureurs, rien n'avait pu vaincre le silence d'Antonie ; tout venait se briser, impuissant et stérile, contre la douce inflexibilité de ses refus.

Quand il pleurait en la suppliant, c'est en pleurant qu'elle lui répondait doucement :

— « Je ne puis rien te dire. »

Quand il s'emportait et l'interrogeait avec calme, c'était la tête basse et le visage résigné qu'elle répondait encore :

— « Je ne puis rien te dire. »

Ce mot, sans cesse répété, était entre Manuel et Antonie comme une porte d'airain, qu'il employait toute sa force à briser, et qu'il n'ébranlait même pas dans ses plus terribles efforts.

Cette femme qui était à lui, et sur laquelle il se croyait tous les droits, avait dans sa vie un arcane impénétrable qui lui était interdit, et, sanctuaire divin, ou repaire immonde, il y voulait entrer, et ne comptait rien posséder tant qu'il n'avait pas été jusque-là.

On a sans doute déjà compris quelle était cette femme ; mais on ne sait pas comment Eulalie avait rencontré Torcy, et comment elle avait pu lui cacher jusque-là ce qu'elle était.

L'explication qui eut lieu entre eux apprendra à nos lecteurs ce qui est nécessaire à l'intelligence de cette partie de notre récit.

— IX

Au moment où Manuel entra dans la chambre d'Antonie et la trouva à genoux et pleurant, il s'arrêta et la contempla un moment dans son désespoir. Il espérait que cette âme se serait laissé amollir à ses propres souffrances, et qu'une consolation obtiendrait plus qu'une menace.

Il alla s'asseoir près d'elle, tandis qu'elle restait toujours à genoux, et l'attirant lentement vers lui, prenant les mains d'Antonie dans les siennes, attachant son regard sur ses yeux, il lui dit doucement:

— Tu pleures, pauvre enfant ; qu'as-tu ? quel chagrin que je ne sais pas te rend ainsi désespérée ?

Les larmes d'Antonie éclatèrent avec plus de vivacité, elle cacha sa tête dans les mains de Manuel, mais elle ne lui répondit point.

— Antonie, reprit-il avec une tendresse encore plus affectueuse, pourquoi ce silence obstiné, pourquoi renfermer en toi cette pensée qui te dévore, et qui peut-être t'abuse ?

Antonie sourit tristement.

— Oh ! parle, parle, je t'en supplie : si c'est un malheur qui fait ton désespoir, il n'est peut-être pas irréparable comme tu le crois... Si ta douleur est un remords, l'expiation est assez grande, et il n'y a pas de faute qui ne s'efface. Oh ! dis-moi, dis-moi ce terrible secret !

— Jamais ! répondit Antonie.

— Jamais ? répéta Manuel, à qui sa colère revint à ce refus qu'il avait mille fois essuyé, et qui lui paraissait tous les jours plus insultant.

— J'ai tort de pleurer ainsi, dit Antonie en se relevant et en essuyant ses larmes... mais tu es entré si inopinément que tu m'as surprise avant que j'aie pu cacher ma douleur en moi-même. Tu étais dans ton atelier... je me suis crue seule.

— Et tu t'es mise à pleurer aujourd'hui, aujourd'hui que j'avais espéré compter parmi mes jours heureux !

— Aujourd'hui, s'écria Antonie en jetant au ciel un regard où se peignaient toutes les tortures de son cœur.

— Oui, aujourd'hui, reprit Manuel en revenant tendrement à Antonie ; car tu m'avais enfin permis de faire ton portrait. Il y a si longtemps que je te le demandais, que, lorsque tu me l'as accordé, j'ai été bien heureux de ma victoire ; triste bonheur, puisqu'il te rend si malheureuse !... Ah ! ajouta-t-il en regardant Antonie qui, la tête baissée, semblait plonger son regard dans une pensée bien lointaine... ah ! tu aurais mieux fait de me refuser comme toujours.

— Aujourd'hui plus que jamais, repartit Antonie, que ses pleurs quittaient et reprenaient comme le flux et le reflux apparent de ses pensées.

— Aujourd'hui plus que jamais ? as-tu dit, reprit Manuel avec l'anxiété d'un homme qui croit voir dans le désert où il est perdu la trace d'un pas humain ; aujourd'hui plus que jamais, répéta-t-il ; mais ce jour est donc marqué pour toi, c'est un jour fatal dans ta vie ?

— Manuel ! s'écria Antonie avec épouvante.

— Aujourd'hui, 5 octobre...

— Manuel ! répéta Antonie.

— C'est un anniversaire, peut-être !

— Manuel, Manuel !... lui cria-t-elle, comme si, en l'appelant, elle eût pu arrêter la marche de sa pensée ainsi qu'on arrête la course imprudente d'un homme.

— Ah ! lui dit Torcy, cela doit être, tu as eu trop peur.

Antonie se tordit les mains en s'écriant :

— Oh ! malheureuse, malheureuse !

— Eh bien ! maintenant que j'ai un point de départ, je saurai tout ; je chercherai, j'interrogerai, j'apprendrai...

— Et si tu fais cela, dit Antonie en se levant avec force, si tu fais cela, ce sera infâme.

— Antonie ! s'écria Manuel, dont ce mot blessa l'orgueilleux honneur.

— Oui, ce sera infâme, répéta Antonie.

— Souviens-toi, Manuel, du jour où je t'ai trouvé blessé, meurtri, mourant, dans un ravin de la montagne. Tu allais mourir là ; car il fallait le désespoir qui cherche la mort pour pousser une créature vivante dans cet abîme où une imprudence t'avait précipité. Je te vis sanglant, immobile, expirant ; et la mort que j'appelais, moi, comme un bienfait, me fit peur pour toi que je ne connaissais pas. Une idée me prit de te sauver ; il me sembla que ta vie serait devant Dieu une compensation à ma mort ; j'étanchai tes blessures, je te ranimai, et moi, faible femme, je te traînai hors de cet abîme. Je te conduisis à une cabane, où tu retombas épuisé de douleur et brûlé de fièvre.

— Oh ! c'est vrai, Antonie, c'est vrai ; tu n'as pas besoin de me le rappeler.

— Oh ! écoute-moi ! écoute-moi ! Te souviens-tu quand tu fus dans cette maison ? Te souviens-tu que j'allais partir lorsqu'un des hommes qui t'entouraient murmura tout bas : « Cet homme n'a pas une heure à vivre » ? Je ne sais si, dans l'anéantissement où tu étais plongé, ce mot fatal arriva jusqu'à toi ; mais je l'entendis, moi, et je m'arrêtai. Dieu m'avait inspiré de te sauver ; et je crus lui obéir encore en restant près de toi pour te sauver tout à fait. Tu dois te souvenir maintenant que le lendemain tu me trouvas à ton chevet, tu dois te souvenir que durant onze jours que la mort te menaça sans relâche je fus là pour l'écarter à toute heure !

— Oh ! dit Manuel attendri, merci maintenant ! merci comme alors ! merci comme le jour où je pus comprendre que je te devais la vie !

— Tu étais sauvé alors, reprit Antonie.

— Et toi, dit Manuel, tu voulais toujours mourir !

— Oui, Manuel, je le voulais encore, mais je n'en avais plus le courage. C'est que tu m'avais raconté ta jeunesse, ta vie, tes belles espérances, ton avenir de gloire et de bonheur, et que je pleurais sur moi qui n'aurais rien de ce riche partage des autres.

— Et puis, tu sentais bien que je t'aimais, lui dit Manuel.

— Je vous ai aimé la première, lui répondit Antonie avec une larme moins amère que les autres. Je ne sais comment l'amour a pénétré dans mon âme à travers le désespoir qui m'enveloppait tout entière ; mais lorsque, faible encore, vous sortiez appuyé sur mon bras, lorsque vous m'expliquiez cette belle nature qui nous entourait, quand vous me racontiez la marche de ce ciel qui étincelait si près de nous, quand vous me parliez de vos travaux, de votre gloire, des grands noms que vous comptiez égaler, quand je voyais en vous cette assurance qui marque du doigt le but qu'on veut atteindre, que je sentais revivre en vous cette force, cette intelligence qui devaient vous y conduire, j'étais fière, Manuel ; quand je vous voyais si heureux de vivre, j'étais heureuse ; et il y avait des heures où j'oubliais dans ta vie que je m'étais promise à la mort.

— Oh ! lui dit Manuel avec un doux reproche, tu t'en souvenais tous les jours, car tous les jours tu voulais me quitter.

— Et c'est alors que je pleurais, car il le fallait, et je l'aurais dû, peut-être.

— Tu ne m'aimais donc pas ?

— Manuel, reprit Antonie avec son accent le plus doux et son regard le plus triste, c'était un soir que vous étiez assis à mes pieds. Vous m'aviez souvent suppliée de vous dire qui j'étais, d'où je venais, ce qui m'avait jetée dans cette montagne ; vous aviez été bien cruel pour moi qui vous priais vainement de me laisser mon secret ; vous m'aviez dit, Manuel : « Je te donnerai ma fortune, je te donnerai mon nom » ; ton nom qui est honorable et pur, ton nom qui est célèbre et respecté, et ce nom pour lequel je t'aime, que je préférerais à un nom de prince, je l'avais refusé pour me taire. Alors tu te penchas vers moi, tes yeux rayonnaient d'amour, et ta voix était inspirée.

« Eh bien ! me dis-tu, je ne te demanderai plus rien. Tu seras pour moi l'ange qui a sa patrie au ciel, et qui n'a pas de nom sur cette terre : je t'aimerai ainsi, sans jamais t'interroger. Je ne te prierai plus pour que tu m'aimes, tu seras pour moi comme la fontaine bienfaisante et limpide où l'on puise la vie sans s'occuper du lieu où se cache sa source. Tu me seras sainte, et je te remercierai de vivre pour moi, comme si tu me redonnais encore une fois la vie ; le veux-tu ainsi, enfant, le veux-tu ?... »

« Ce fut une aurore céleste dans les profondes ténèbres de mon désespoir et de ma solitude ; elle éblouit mon cœur. Je te tendis la main, et tu m'appelas Antonie, du nom de ta mère, pour abriter au moins devant Dieu, sous un pieux souvenir, l'union que je ne veux pas sanctifier devant les hommes.

— Mais pourquoi ne le pouvez-vous pas ? dit amèrement Manuel, que le dernier mot d'Antonie avait ramené à sa solution de percer ce mystère qui l'irritait.

— Vous voyez, lui dit-elle, voilà l'écueil où devait se briser cette solennelle promesse.

— Promesse insensée ! s'écria Manuel, et que je me sens incapable de tenir, car je veux savoir la vérité ; il le faut... je le veux... Dis-la-moi, quelle qu'elle soit, si honteuse qu'elle puisse être ; dis-la-moi, ou, je te le jure, je ferai ce que je t'ai dit, j'interrogerai... j'apprendrai...

— Et ce sera infâme si vous le faites, comme je vous l'ai dit aussi ; et c'est pour vous le prouver que je vous ai rappelé tout notre passé à tous deux.

— Eh bien ? infâme ou non, je le ferai, car je ne puis pas vivre plus longtemps ainsi.

— Oh ! s'écria Antonie, comme cela je vous comprends ; que le fardeau que vous vous êtes imposé vous fatigue, je le comprends ; que je sois un chagrin vivant pour vous, je le crois ; que vous soyez malheureux de ma présence, je le vois tous les jours ; aussi, Manuel, aujourd'hui que vous me le dites, je puis vous dire aussi ce que depuis longtemps j'ai résolu dans ma pensée.

« Vous m'avez trouvée seule en ce monde comme un enfant perdu, laissez-moi vous quitter comme vous m'avez trouvée ; je m'en irai, Manuel, je m'en irai et vous n'entendrez plus parler de moi ; et, je vous le jure, je ne vous accuserai ni de dureté, ni d'ingratitude. Puis-je vous demander ce qui est au-dessus des forces d'un homme ?

« Nous avons voulu réaliser un rêve impossible ; chaque jour, chaque heure me le fait comprendre... Eh bien ! j'en veux finir aussi ; le courage que vous n'avez pas, je l'aurai pour vous. Demain, ce soir, si vous voulez, je quitterai cette maison ; je le veux, je vous le demande.

— Qui, moi ! s'écria Manuel, suffoqué par les sanglots que cette idée lui arrachait ; moi, t'abandonner, pauvre enfant ! moi, te laisser seule, errante, misérable ! O Antonie !... tu ne m'aimes donc plus, pour me parler ainsi ?...

Et, dans le transport de sa douleur, il l'entourait de ses bras, comme s'il eût craint qu'elle ne s'échappât.

Mais, pour la première fois, la volonté d'Antonie ne céda pas à ce retour soudain de l'amour de Manuel ; et elle lui répondit, en le repoussant doucement :

— Écoute, Manuel, quand tu m'as trouvée là, à genoux, je priais Dieu de me donner la force de te quitter ; quand tu m'as vue pleurer, je pleurais à la pensée de me séparer de toi.

— Tu le veux donc ?

— Oui, Manuel, et si tu le veux aussi, si tu ne m'abandonnes pas à ma faiblesse, si tu me chasses, ce sera bon et loyal de ta part, et je t'en remercierai ; mais si tu voulais savoir qui je suis, ce serait mal, ce serait affreux, et je ne te le pardonnerais pas.

— Eh bien ! dit Manuel en s'agenouillant devant elle, jamais, non jamais, je ne voudrai rien apprendre... je te le jure devant Dieu !

Et comme Antonie se taisait, il reprit avec un accent où parlait tout son amour :

— Oh ! il faut me pardonner, Antonie. Si tu savais comme je t'aime, si tu savais comme je serais fier de toi si tu voulais... Mais, pour toi, je voudrais devenir assez fort pour t'imposer au monde ; je voudrais être assez grand et te placer assez haut dans mon amour pour qu'on te respectât, rien que pour la puissance de cet amour. Mais je ne puis rien pour toi, tu ne veux pas

même qu'on sache que je t'aime ; et alors, vois-tu, ma vie est sans but, je me désespère, je m'égare, je deviens fou...

— Surtout, dit doucement Antonie, quand tes cruels soupçons te prennent au cœur.

— Quels soupçons ? dit Manuel troublé.

— Crois-tu donc que je les ignore ? Cette Cornélie que le hasard a introduite dans notre maison, crois-tu qu'elle m'ait épargné aucune des suppositions injurieuses qui se répètent tous les jours hors de notre maison, dans l'atelier de son mari ?

— Oh ! dit Manuel avec force, je la ferai taire ! je les ferai taire !

— Allons, ami, lui dit Antonie en prenant dans ses mains la tête de Manuel, comme pour en calmer l'effervescence, ne promets pas plus que tu ne peux. Tu ne feras qu'irriter la malveillance en voulant la combattre. L'éclat de ton nom suffit, crois-moi, à attirer sur nous plus de curiosité et d'envie qu'il n'en faut pour troubler notre bonheur.

— Eh bien ! ce que tu voudras je le voudrai, mon Antonie... Et tu m'as pardonné, n'est-ce pas ?

— Te pardonner, Manuel ! puis-je t'en vouloir de ce qui est un malheur qui ne vient que de moi ? Ah ! non, Manuel, non, je n'ai rien à te pardonner... Mais j'ai encore quelque chose à te dire, quelque chose que je ne t'ai jamais dit, car il s'agit de ce passé que je ne puis t'apprendre.

Manuel écoutait avec anxiété, tandis que le visage d'Antonie se colorait d'une touchante dignité et d'une grave pudeur.

— Le jour où tu m'as rencontrée, lui dit-elle, je te le jure, j'étais pure devant Dieu de toute faute et de tout crime.

— C'est vrai, n'est-ce pas ? s'écria Manuel avec un éclat qu'il ne put contenir.

— Tu en doutais, Manuel ?

— Non, reprit-il, non, je n'en doutais pas ; et maintenant je suis calme, je suis heureux, je n'en veux pas davantage.

— Pas davantage ; entends-tu ! n'en demande jamais davantage. Je t'avais gardé ce témoignage de moi-même pour le jour où je te sentirais faiblir dans ton amour. C'est le dernier mot de mon âme que je viens de te dire ; au delà tout doit rester mort dans mon sein. Aujourd'hui je t'ai livré la seule arme que j'avais pour me défendre ; ce serment, si tu en doutes jamais, je ne le recommencerai pas ; tu en douterais plus aisément encore.

« Maintenant je t'ai donné tout ce que je pouvais te donner ; s'il te faut des preuves, je n'en ai pas ; s'il te faut mon secret, j'aime mieux mourir.

— Oh ! lui dit Manuel, tu vivras, tu vivras et je t'aimerai comme je te l'ai dit, comme l'ange exilé du ciel qui est venu veiller sur ma vie et lui donner le seul amour, le seul bonheur qui ne doive rien aux vulgaires intérêts de ce monde.

Cette longue explication avait calmé les transports de Manuel et le désespoir d'Antonie ; tous deux avaient retrouvé la folle illusion qui leur faisait croire à la durée d'un pareil bonheur, lorsqu'on remit à Manuel un billet de la part de M. de Changiron :

« Ma femme, qui veut absolument ce qu'elle veut, lui écrivait-il, veut vous avoir à dîner ; nous aurons quelques personnes, ce qui ne vous empêchera pas de causer, avec Mme de Changiron, de notre grande entreprise.

« Je compte sur vous, etc. »

Manuel lut le billet tout haut, et il s'apprêtait à répondre par un refus poli, lorsque Antonie lui dit :

— Pourquoi n'y pas aller, mon ami ? c'est précisément cette retraite absolue que tu t'imposes pour moi qui appelle l'attention et qui fait naître les propos.

— Mais te laisser seule... aujourd'hui...

— Je sais bien que c'est un sacrifice, et je te le demande précisément aujourd'hui ; tu me le dois.

— Pauvre enfant ! c'est une longue soirée où tu seras toute seule...

— Où je te suivrai dans ma pensée, où je te verrai accueilli, fêté, admiré. D'ailleurs, oublies-tu ce que tu me disais tout à l'heure : « Se renfermer toujours en soi, c'est donner à la pensée un aliment funeste » ? Eh bien ! tu reverras des amis, des gens qui te plairont ; tu me raconteras ce que tu auras dit, ce que tu auras fait. Ce n'est pas une soirée que tu me prends, c'est quinze jours de bonnes causeries que tu me rapporteras.

— Tu le veux ?

— Oui, je le veux. Et puis dans cette lettre on te parle d'une grande affaire ; eh bien ! tu négliges tes affaires pour moi, et tu finirais par m'en vouloir. Voyons, sois bon, va chez M. de Changiron.

— Et toi ?

— Eh bien ! moi, je lirai... je penserai... je t'attendrai... C'est la plus douce occupation.

Indépendamment de la bonne grâce de cette prière, il y avait dans Antonie un si doux accent, un si charmant sourire, que Manuel accepta.

Et le soir venu, il partit le cœur ouvert, l'esprit calme et joyeux, et se rendit chez M. de Changiron.

X

POUR la première fois, depuis bien longtemps, Manuel Torcy allait dans un monde qu'il aimait et qu'il croyait avoir tout à fait oublié.

Ce jour-là, précisément, il y rentrait avec ce contentement intérieur qui rend bienveillant pour tout ce qui vous entoure, et qui donne à l'esprit cette liberté facile et joyeuse qui se mêle aisément à tous les bonheurs qui passent près de vous.

D'un autre côté, comme la plupart des hommes de notre époque qui doivent leur fortune et leur position à leur travail personnel, Torcy aimait les somptuosités élégantes, l'éclat des beaux salons, le *brio* de ces conversations mêlées de toutes choses qui courent autour d'une table splendide. Il aimait le mouvement gracieux de ces nombreuses réunions qui se rangent d'abord en une ligne de femmes resplendissantes de parure, de diamants et de fleurs, et qui plus tard se divisent par groupes épars où s'agitent les discussions les plus graves ou les plus frivoles.

Il se plaisait dans ce monde où tout est semé avec profusion, même l'esprit ; car là, on n'en fait ni commerce ni profession, et on le jette à qui veut le ramasser.

D'ailleurs, bien que dans ce monde Torcy fût peut-être le seul dont le nom fût célèbre de la veille, il y entrait sur le pied d'égalité, il le croyait du moins ; et à voir l'empressement, les attentions, les mille riens gracieux dont il était l'objet, on eût pu croire qu'il y était à la première place.

C'est là qu'est le danger de ce monde pour les gens comme Torcy. Tout entiers au charme qui les séduit, ils ne se rendent pas un compte exact du sentiment qui leur vaut cet accueil si particulièrement bienveillant. Ils ne se demandent pas pourquoi l'homme le plus distingué de ce monde n'obtiendrait pas des autres hommes cette condescendance dont on les entoure ; des femmes, cette intention caressante dont elles les flattent.

A supposer même qu'ils s'étonneraient de cette préférence apparente, ils auraient des théories toutes prêtes pour l'expliquer en faveur de leur vanité.

— Notre époque, diraient-ils, est celle de la prédomination des talents personnels et des noms acquis.

Cinq ou six exemples de hautes fortunes politiques conquises par de grands talents se présentent à l'appui de cette assertion, et ils s'établissent de bonne foi dans la position qu'ils rêvent et se croient classés parmi les rois de la société.

Combien ils éprouveraient de honte et de dépit s'ils pouvaient reconnaître que c'est, à une grande distance sans doute, mais au même titre qu'une chose curieuse, qu'ils sont tant accueillis, tant fêtés ; et, s'ils osaient regarder au fond de toutes ces caresses qu'on laisse tomber sur eux, ils y verraient, je ne dirai pas du mépris ou du dédain, mais une protection qui ne craint pas d'aller jusqu'à la flatterie, tant elle est sûre qu'il y a entre l'aristocratie passagère de l'artiste et l'aristocratie éternelle du nom une distance qu'il ne pourra jamais franchir.

Ce n'est que le jour où l'on a mis en jeu dans ce monde la dignité de son caractère ou celle de son cœur, qu'on apprend la véritable place qu'on y tient, et beaucoup d'hommes y ont passé toute leur vie sans se douter un moment du rôle qu'ils y jouaient.

Quant à Torcy, il en était encore aux illusions, aux enchantements, et la soirée qu'il passa chez M. de Changiron ne pouvait que l'égarer davantage dans cette voie où il marchait en aveugle, non point parce que tout y était ténèbres, mais parce que tout y était éblouissement. Il y eut surtout, de la part de la belle marquise Camille de Changiron, une coquetterie qui faisait sourire tous ceux qui en étaient témoins.

Torcy ne savait donc pas que l'homme à qui l'on peut tant dire et tant prodiguer, sans que cela excite la jalousie ou la médisance, est bien peu de chose aux yeux de ces indifférents. En effet, il n'était pas un homme dans ce monde dont Mme de

Changiron eût osé s'occuper comme elle s'occupa de Torcy.

A qui aurait-elle osé faire toutes les questions qu'elle lui adressa sur sa vie, ses occupations, ses goûts, ses pensées, sur ce qu'il devait aimer ou haïr ?

Elle visitait l'âme de cet homme comme un musée où il devait y avoir des passions inconnues et curieuses ; et l'artiste, prenant cette curiosité pour un hommage, servait naïvement de cicerone à cette belle dame qui, si elle ne se moquait pas de lui, s'en amusait du moins comme d'une charmante nouveauté.

Cependant tout cela n'était qu'un prélude à une investigation plus intime encore.

Le marquis de Changiron avait raconté à sa femme ce qui s'était passé dans l'atelier de Lavignan et dans celui de Torcy, et les suppositions étaient nées en foule dans le salon aristocratique comme dans le vulgaire atelier ; seulement elles avaient pris chez Mme de Changiron un caractère tout différent.

L'habitude de considérer les artistes à travers leurs œuvres leur prête, aux yeux qui ne les voient pas de près, une attitude théâtrale ou exceptionnelle, et empreint toutes leurs actions d'un caractère qu'on n'oserait pas ou qu'on ne daignerait pas supposer envers d'autres hommes.

Ainsi, l'inconnue de Manuel, si grossièrement appréciée dans l'atelier de Lavignan, était devenue une sorte de créature fantastique dans le salon de Mme de Changiron.

C'était la Gulnare du *Corsaire* devenue le Caleb d'un nouveau Lara ; mais dans quelle nuit étoilée avait-elle fui la couche de son redoutable sultan ? et, comme Gulnare, avait-elle une tache de sang sur sa blanche tunique ?

Pour traduire littéralement les suppositions de Mme de Changiron, quelle belle comtesse italienne avait abandonné pour Torcy ses villas de marbre, son beau ciel d'Italie et son mari sicilien ?

On admettait encore que ce pût être des brumes du Danube ou de Trieste qu'était sortie cette belle enthousiaste ; et alors on la voyait s'échapper de quelque gothique château par une tempête froide, tandis que son magnat fourré tombait ivre de vin de Hongrie à côté de son grand sabre à poignée damasquinée.

Mais, par un sentiment de dédain ou d'orgueil, ces belles rêveries ne paraissaient pas à Camille pouvoir être réalisées par une Française de race noble ; et, soit que Mme de Changiron, qui était de leur sang, trouvât nos grandes dames au-dessus ou au-dessous de l'enthousiasme et de la passion nécessaires à un tel dévoue-

ment, elle avait écarté cette idée comme impossible.

Quant à croire que cette femme pût être une bourgeoise, Mme de Changiron était si loin de supposer qu'une femme d'un pareil rang, eût-elle un mari, fût obligée de cacher ses fautes, qu'elle repoussait également cette version, précisément à cause du mystère impénétrable dont cette femme s'entourait.

Changiron qui, avant son mariage, avait vécu dans la réalité de la vie des artistes, ne partageait pas ces idées d'une poésie assez sotte ; mais le conte que sa femme s'était fait à elle-même lui plaisait, l'amusait, l'occupait, et Changiron avait beaucoup de raisons pour ne pas arracher à Camille une occupation ou une distraction dont il n'était pas obligé de faire les frais.

Cependant, comme nous l'avons dit, toute cette coquetterie savante : questions timides, attention admirative, surprises flatteuses, tout cela n'avait été prodigué à Torcy que pour arriver à un but bien autrement intéressant ; il s'agissait de toucher la corde la plus cachée de l'âme de notre artiste, de savoir de quel son étrange elle vibrait.

XI

Voici comment s'y prit la belle marquise ; elle eut l'air d'abandonner tout à coup la route qu'elle avait suivie, et dit à Torcy :

— Après tout ce que vous venez de m'apprendre de vous-même, je vous avoue que je suis très fière de ce que vous ayez bien voulu

vous charger de recréer la collection que mon mari désire posséder.

Le sujet qu'elle abordait eût dû faire descendre Torcy des sommets où il croyait planer ; mais Mme de Changiron ne lui donna pas le temps de s'apercevoir qu'elle parlait au peintre dont on finirait par estimer le talent en écus, et elle continua rapidement :

— Pour tout autre que vous, c'eût été un misérable labeur ; mais, avec votre pensée active et profonde, c'est tout l'esprit des siècles passés à faire revivre sur la toile, c'est presque une histoire complète de la peinture que vous écrirez avec votre pinceau, et je suis sûre que vous, qui savez sur cet art admirable tant de choses dont nous ne nous doutons pas, vous éprouverez un charme infini à pénétrer dans le secret de ces époques mortes et à leur redonner la vie.

Torcy était trop peintre pour ne pas savoir que ce qu'il allait entreprendre serait un travail insupportablement ennuyeux à faire, et le haut prix qu'y avait mis Changiron l'avait seul décidé à l'entreprendre ; mais Torcy était trop flatté de la position que lui faisait cette belle dame et de l'aspect poétique sous lequel elle voulait bien considérer ses travaux, pour ne pas les accepter complètement.

Le peintre répondit donc avec un air de profonde conviction :

— Je vous remercie, madame, d'apprécier comme vous le faites ce noble sentiment de l'art si souvent méconnu par ceux qui ne peuvent le comprendre.

— Ai-je ce mérite à vos yeux ? lui dit Camille, comme ravie d'être à la hauteur de la pensée de Torcy.

— Si vous saviez combien il est rare, madame, répliqua celui-ci, vous pardonneriez à la vanité que j'ai peut-être mise à le reconnaître en vous.

— J'accepte la louange dans tout ce qu'elle a de flatteur, et cependant je me sens toute prête à vous prouver que je ne la mérite pas.

— Comment cela ?

— Vous ne rirez pas de moi, n'est-ce pas ? Mais moi aussi, j'ai fait des rêves pour cette œuvre qui sera la vôtre, et ces rêves, vous seul pouvez les réaliser.

— Veuillez vous expliquer.

— Je vous abandonne, reprit la marquise en souriant, tous les ancêtres de mon mari qui sont du sexe masculin, et pourvu qu'on devine dans leur visage ce cachet constant qui marque tous les individus d'une noble famille, je vous permets de les faire aussi rébarbatifs, aussi peu agréables que vous voudrez ; mais, quant aux femmes, je les veux belles, toutes sans exception, et, par-dessus toutes, je veux la beauté la plus parfaite pour la fameuse Marguerite de Changiron.

— Ah ! dit Torcy, à qui ce nom rappela la folie à laquelle il s'était livré le matin.

A l'altération de sa voix, qui se trahit dans cette simple exclamation, Mme de Changiron comprit qu'elle avait pénétré enfin à l'endroit du cœur, et elle reprit de suite :

— Vous ne savez peut-être pas ce que c'est que cette fameuse Marguerite ?

— M. de Changiron m'en a parlé ce matin, dit Torcy, qui s'imagina que cette déclaration allait lui faire découvrir si c'était un hasard ou une intention décidée d'avance qui ramenait ce sujet qui touchait de si près au mystère de son cœur ; mais la réponse de Camille le rassura aussitôt.

— Ah ! que mon mari est aimable et bon ! il vous en a parlé, n'est-pas ? il vous a dit que je voulais une beauté parfaite... mais pas une beauté vulgaire ou plutôt connue, rien qui ressemble aux plus belles personnes qu'on rencontre dans le monde. L'existence de cette Marguerite a été à la fois si éclatante et si bizarre ; elle a été si adorée et si calomniée ; on lui a attribué des exigences si folles et des dévouements si absolus, qu'il me semble que ce devait être une nature à part, un mélange hardi et harmonieux des perfections les plus opposées. Je me figure enfin quelque chose qui n'existe peut-être plus, mais qui a dû exister.

Torcy était sur ses gardes, il se contenta de répondre :

— Vous avez raison ; c'est un modèle à inventer.

— Tenez, lui dit Mme de Changiron en baissant la voix et en s'inclinant vers lui comme pour lui faire une confidence, vous m'avez dit que j'étais digne de comprendre les inspirations d'un artiste.

« Eh bien ! dites-moi si je me trompe ; mais il me semble que si j'étais peintre, ce modèle existerait toujours pour moi. Et ce modèle, c'est la femme qu'on aime ; celle-là est toujours pour le peintre une beauté au-dessus de toutes les autres : car il la voit à travers son amour, et il la peint comme il la voit.

« Ainsi, je suis bien persuadée que la Fornarina et la Joconde n'étaient pas aussi belles que les ont faites Raphaël et Léonard de Vinci, et je me laisserais volontiers aller à croire que nos peintres ne produisent plus aujourd'hui de ces ravissantes créatures, parce qu'ils n'ont pas le courage de leur amour et n'osent pas en livrer l'objet à l'admiration publique.

— Cela se peut, madame, dit Torcy, et c'est probablement parce qu'ils préfèrent la sainteté de leur amour à leur gloire.

— Est-ce que la gloire, reprit Camille avec une sorte d'enthousiasme irréfléchi, n'est pas la première passion d'un artiste, celle qui doit dominer toutes les autres ?

— Ah ! madame, reprit Torcy qui ne se doutait pas que ses moindres paroles avaient un sens qu'on s'apprêtait à commenter de toutes façons, si la gloire est là, la gloire est trop chère à ce prix. Livrer au public, au monde, aux envieux, aux méchants, aux indifférents même, leur livrer l'idole de son âme, la flamme secrète de sa vie ; offrir en spectacle à la critique, au dédain ou à une froide admiration ce qu'on aime de toute la force de son âme, ce qu'on admire avec excès, ce qu'on adore avec religion, oh ! non, madame ; non, ce serait une insulte à celle par qui l'on vit, ce serait un sacrilège envers soi-même, ce serait ouvrir le sanctuaire de son âme aux misérables curiosités de la foule.

En parlant de cette façon, Torcy ne croyait faire que de la théorie générale ; mais ces dernières paroles frappaient si juste sur la prétention curieuse de Mme de Changiron, qu'elle put penser que la leçon s'adressait à elle, et qu'elle répondit d'un ton assez piqué :

— Je vous prie de croire, monsieur, que je n'ai pas voulu pénétrer dans vos secrets.

— Des secrets ! reprit Torcy, dont la voix s'altéra de nouveau ; vous croyez donc que j'en ai ?

Camille hésita un moment.

La première réponse qui vint à l'esprit de la belle marquise fut de renvoyer Torcy à sa place en lui répondant qu'il pouvait avoir tous les secrets du monde, sans qu'elle eût la moindre envie de s'en occuper ; mais la curiosité d'une part, et de l'autre la vanité qui voulait réussir à tout prix, décidèrent Camille à se montrer moins susceptible, et elle répondit après un moment de silence :

— Que je croie ou non que vous avez des secrets, je suppose, monsieur, que cela doit vous être indifférent.

— Ce qu'on peut penser de bien ou de mal d'un homme ne doit jamais lui être indifférent, répondit Torcy qui voulait interroger à son tour, surtout quand il s'agit d'une personne comme vous.

— En vérité, dit Camille, vous me rendez confuse. Je n'ai pas la vanité de vouloir juger qui que ce soit, et peut-être vous moins qu'un autre ; car, ainsi que vous me le disiez, il y a dans la vie des mystères qui seraient souvent la plus éclatante justification de ce que le monde est porté à interpréter défavorablement...

— A interpréter défavorablement ?... dit Torcy, troublé.

— Le monde juge sur les apparences.

— Mais pourquoi juge-t-il ? pourquoi s'occupe-t-il de ce qu'on ne veut pas lui livrer ?

— Oh ! vous allez beaucoup trop loin dans vos exigences, dit Mme de Changiron ; vous n'aurez jamais le privilège, si haut que vous soyez placé, d'empêcher les autres de regarder dans votre existence, comme vous-même vous regardez dans la leur. Seulement on y mettra peut-être plus de circonspection, parce que ce qu'on saura de vous répondra de ce qu'on ne sait pas ; c'est tout ce que vous pouvez demander.

XII

A conversation était arrivée à cette extrême limite où elle allait passer des généralités à une application personnelle, lorsque la porte du salon s'ouvrit, et l'on annonça M. Gagerot.

Il vint saluer la maîtresse de la maison, qui ne l'aimait d'aucune façon, et qui l'accueillit avec l'exacte politesse d'une femme bien élevée ; mais Gagerot ne s'en aperçut point, et s'informa si obséquieusement de sa santé, de celle de sa mère, de tout ce qu'on peut demander enfin en pareille circonstance, que la conversation se trouva rompue, et que, de dépit, Mme de Changiron se leva et céda la place à l'importun qui l'arrêtait au moment où elle se croyait si près de sa victoire.

Il paraît que Gagerot avait réussi à ce qu'il voulait ; car à peine fut-il seul près de Manuel, qu'il lui dit à voix basse :

— Mon Dieu, monsieur, je bénis le hasard qui m'a amené dans cette maison.

— Pourquoi cela ? lui dit sèchement Torcy, qui se rappelait qu'Antonie avait pâli au nom de cet homme.

— Rentrez chez vous, lui dit Gagerot ; prévenez par votre présence une folie que le caractère de celui qui la veut tenter pourrait changer en un affreux esclandre.

— Je ne vous comprends pas, repartit Torcy avec hauteur.

— Eh bien ! monsieur, lui dit Gagerot d'un air confus, ce matin, il a été question de Mme Torcy dans l'atelier de Lavignan.

Torcy devint pâle.

— Malheureusement il se trouvait là un de ces hommes dont l'immoralité ne respecte rien, et dont la grossièreté, soutenue par un courage de spadassin, ose tout braver. Cet homme a dit, a parié qu'il parviendrait à voir Mme Torcy, et au moment où je vous parle M. Paul Chagoin est peut-être chez vous.

Torcy se leva d'un bond, et serrant la main à Gagerot avec une violence qui attestait une puissante émotion :

— Merci, monsieur, lui dit-il, et s'il a osé... lui, ce misérable... Oh ! fasse le ciel que ce ne soit pas vrai !

La toute petite âme de M. Gagerot ne comprit qu'à ce moment qu'il avait attaché par quelques mots une mèche allumée à un baril de poudre, et il commença à craindre que les éclats n'arrivassent jusqu'à lui.

Il avait cru donner une bonne petite inquiétude à un homme bien maître de lui, et qui aurait passé une heure sur des charbons ardents ; mais Torcy venait de sortir, et de l'air d'un homme qui tuerait Paul Chagoin sur place s'il le rencontrait chez lui.

Ce fut donc encore tout troublé de ce qu'il venait de faire qu'il répondit à Changiron, lorsque celui-ci vint lui demander ce qu'il avait pu dire de si étrange à Torcy, que ce dernier était parti si brusquement.

L'air dont Changiron reçut sa confession ne fit qu'alarmer davantage Gagerot, et il se prit à trembler réellement du résultat probable de son indiscrétion, lorsque Changiron lui dit :

— J'espère que ce fou de Chagoin n'aura pas fait ce qu'il a dit, ou plutôt que la porte de Torcy ne lui aura pas été ouverte ; car entre Manuel et lui, ce serait une affreuse rencontre. Torcy le jetterait par la fenêtre, et Chagoin ne s'y laisserait pas jeter... Vous avez eu tort.

— Eh bien ! que fallait-il faire ? Devais-je abandonner cette femme aux insolentes entreprises d'un Chagoin ?

— Mais, dit Changiron, de quel droit ce misérable ose-t-il pénétrer violemment dans cette maison ? Oh ! s'il faisait cela chez moi, je lui ferais sauter la cervelle. Comment cette idée lui est-elle venue ?

— Rappelez-vous ce qu'a dit ce matin Mme Lavignan, que cette femme s'était troublée à mon nom et à celui de Paul Chagoin. Il prétend la connaître, il veut la voir ; il s'en est vanté au Café de Paris. On l'a mis au défi, et vous savez ce qu'est ce Paul Chagoin.

— Oui, capable de tout, même d'un crime, pour soutenir l'ignoble ostentation qu'il fait de ses vices. J'ai une peur affreuse qu'il n'arrive quelque malheur à Torcy.

Mme de Changiron, étonnée de ne plus revoir Manuel où elle l'avait laissé, s'était approchée de son mari pour savoir la cause de ce départ précipité, et elle entendit les derniers mots qu'il prononça.

Elle s'enquit des motifs de la crainte de Changiron, et celui-ci, qui en était véritablement alarmé, lui raconta ce que venait de lui dire Gagerot et quelle catastrophe pourrait en résulter.

— Mais, s'écria Camille, il faut que vous couriez chez votre ami ; la présence d'un tiers, en pareille circonstance, pourra peut-être prévenir d'affreux malheurs. Allez, Anatole, je vous prie !

Était-ce intérêt véritable ou curiosité surexcitée qui poussèrent Camille à donner ce conseil à son mari ? Nous ne pouvons le dire ; mais il semblait assez raisonnable en soi, et Changiron s'empressa de le suivre.

Gagerot, qui ne se souciait pas d'arriver au milieu de la scène comme le dénonciateur de Paul Chagoin, se garda bien de s'offrir à accompagner Changiron.

D'ailleurs, la marquise, qui l'avait trouvé si malappris un moment avant, le retint avec toute la bonne grâce possible dès l'instant qu'elle supposa que Gagerot pouvait lui apprendre quelque chose touchant la mystérieuse inconnue.

Mais il ne fit que lui répéter ce qui s'était passé le matin ; et, comme, pour Mme de Changiron de même que pour Cornélie, la connaissance de M. Gagerot et de M. Paul Chagoin détrônait la mystérieuse fugitive de l'Italie ou de la Hongrie du piédestal où Camille l'avait placée, elle finit l'entretien par cette question :

— Vous voyagez beaucoup, n'est-ce pas, monsieur Gagerot ?

— Tous les ans, madame, je vais passer quelques mois aux eaux, soit en Italie, soit en Allemagne.

« C'est cela, se dit Mme de Changiron à part soi, ces deux hommes auront rencontré cette femme aux eaux, où tout le monde se mêle, et ils pourraient la reconnaître. »

Aussitôt elle quitta Gagerot, qui attendait qu'une autre question lui expliquât la première. Mais Mme de Changiron garda son explication pour elle, en s'étonnant toutefois qu'une femme bien née eût pu se rappeler des noms comme ceux de Gagerot et de Chagoin.

Maintenant, il nous faut dire ce qui s'était passé chez Torcy.

XIII

ORSQUE Torcy eut quitté sa maison, le premier ordre qu'Antonie donna à sa femme de chambre fut de lui défendre de laisser entrer personne.

Toutefois, ce n'était point la crainte d'une tentative de la part de Gagerot ou de Paul Chagoin, dont les noms l'avaient si fort troublée, qui fit prendre cette précaution à Antonie ; ce fut seulement la peur d'avoir à subir, pendant une longue soirée, la compagnie de sa voisine.

Il fallait l'abandon complet où Lavignan laissait volontairement Cornélie et la solitude où Torcy était forcé quelquefois d'abandonner Antonie pour que les relations de voisinage, formées par le hasard d'une rencontre dans l'atelier de Manuel, fussent arrivées à une espèce de liaison intime entre ces deux femmes.

Il fallait même le caractère de Mme Lavignan pour avoir amené cette liaison, malgré le froid accueil qui lui avait été fait.

Non seulement Manuel plaignait Antonie d'avoir à subir la conversation brutale et sotte de cette créature, mais son orgueil surtout souffrait de sa présence. En effet, Cornélie n'était-elle pas la femme légitime d'un peintre qui avait un assez grand nom, et Antonie ne devait-elle pas s'imaginer, dans son ignorance, qu'une pareille alliance n'avait rien que de très ordinaire ?

Il se pouvait qu'à ses yeux l'ambition des plus grands artistes ne pût s'élever au-dessus de la classe grossière d'où sortait Cornélie, et Torcy, par une de ces subtilités de l'orgueil si communes chez l'homme qui s'est élevé par ses propres forces, Torcy, dis-je, se sentait humilié de l'humiliation conjugale de l'un de ses confrères.

Il avait bien expliqué à Antonie comment, dans un jour de misère, Lavignan était descendu jusqu'à épouser cette fille pour les riches économies que sa beauté lui avait permis d'amasser ; mais tout cela n'était qu'une assertion dont Manuel ne pouvait fournir la preuve, puisque Antonie ne voulait voir personne et ne pouvait être convaincue par des exemples contraires.

Mais la répugnance motivée de Torcy et la répugnance instinctive d'Antonie contre Mme Lavignan n'avaient pu fatiguer la ténacité de cette femme. Rebutée dix fois, elle revenait une onzième, et finissait par se faire admettre.

D'abord, Cornélie était d'une nature trop commune pour souffrir véritablement de ce dédain, et ensuite elle était trop pauvre d'idées pour vivre une heure seule avec elle-même. C'était donc surtout l'ennui qui la poussait chez Antonie.

Ce n'est pas qu'elle l'aimât ou qu'elle la comprît, c'est que Lavignan lui interdisait, d'une part, le monde où il ne voulait pas la conduire ; de l'autre, les fréquentations où Cornélie aurait pu se plaire. Deux ou trois fois, Lavignan, en rentrant le soir, avait trouvé sa femme familièrement établie chez la portière de sa maison, où elle allait *cancaner*, selon l'expression reçue dans ces sortes d'endroits.

Nous prions nos lecteurs de nous pardonner la vulgarité de ces détails, mais c'est là une de ces positions qui sont plus communes qu'on ne le pense, et qui ont fait le supplice de plus d'un parvenu dans les arts, dans les sciences, et même dans la politique.

Or, toutes les fois que ces rencontres avaient eu lieu, Lavignan avait fait à sa femme des menaces qui l'avaient assez épouvantée pour qu'elle n'osât plus enfreindre ses défenses.

Cornélie avait donc considéré comme une providence l'arrivée d'Antonie dans sa maison, et celle-ci, malgré son antipathie naturelle pour une pareille femme, l'avait supportée d'abord comme une nécessité, et avait fini par s'y accoutumer comme à un bruit discordant, mais qui venait rompre de temps en temps la solitude silencieuse où elle vivait.

Cependant, ce soir-là, Antonie avait été trop vivement rejetée dans son étrange position, elle en avait trop cruellement envisagé l'incertitude, elle en avait trop profondément ressenti la douleur, pour ne pas désirer rester seule avec ses émotions, ses regrets, et peut-être ses espérances.

Ainsi, le soir venu, quand Cornélie vint se présenter à sa porte, on lui répondit que Mme Torcy était sortie.

Cornélie savait le contraire ; mais elle expliqua ce désir de solitude par quelque scène violente qui s'était passée entre Antonie et Manuel ; et comme celui-ci, contre son ordinaire, n'avait pas dîné chez lui, Cornélie ne douta point qu'il n'y eût une brouillerie sérieuse dans la maison. Sa curiosité ne fit que s'accroître de cette supposition, et elle insista de toutes les manières possibles pour pénétrer jusqu'à Antonie.

Mais la résistance de la femme de chambre fut héroïque, et force fut à Mme de Lavignan de s'en retourner chez elle.

Cornélie n'y était pas depuis une demi-heure, que l'ennui la gagna, au point de recommencer ce que son mari lui avait si sévèrement défendu. Elle descendit dans la fatale loge, et pour donner prétexte à sa visite, elle chargea le portier d'une commission qu'elle eût pu très bien faire faire par une de ses domestiques.

Une fois le portier sorti, elle eut l'air d'attendre son retour, et elle se trouva établie en plein commérage avec la portière, sans avoir, à son gré, dérogé à sa dignité.

Cornélie était en train d'apprendre que c'était un valet en belle livrée qui avait apporté ce billet après lequel Torcy était sorti, lorsqu'un violent coup fut frappé à la porte, et une voix, que Cornélie reconnut pour celle de Paul Chagoin, demanda M. Torcy.

— Il n'y est pas, dit la portière.

— Mais Mme Torcy est chez elle ?

La portière répondit affirmativement, l'ordre donné dans l'antichambre n'étant pas sans doute descendu jusqu'à la loge.

Paul Chagoin monta, et Cornélie se leva vivement, et, la tête penchée vers l'escalier, écouta avec une singulière anxiété le bruit de ses pas.

— Qu'y a-t-il ? fit la portière.

— Taisez-vous donc ! lui dit Cornélie qui venait d'entendre le tintement de la sonnette de l'appartement.

Alors ces deux femmes se mirent à écouter ; mais le bruit seul des voix arrivait jusqu'en bas, sans qu'elles pussent saisir le sens des paroles : les pourparlers furent assez longs ; mais tout à coup la porte se referma, on n'entendit plus rien, et Paul Chagoin ne redescendit pas.

Il avait donc été reçu, reçu en l'absence de Torcy, reçu après le refus fait à Cornélie ; on le connaissait donc, on l'attendait donc ? Cornélie tressaillit d'une indigne joie.

— Ah ! c'est comme ça ! murmura-t-elle.

— Quoi donc ? dit la portière.

— Rien du tout, dit Cornélie qui ne taisait point par discrétion ce que cette circonstance lui inspirait de mauvais soupçons, mais qui voulait se garder les prémices de toutes les médisances qu'on en pouvait tirer.

Aussi remonta-t-elle chez elle aussitôt, et là elle eut la patience ignoble de s'établir dans son antichambre, près de la porte entr'ouverte, et d'attendre la sortie de Paul Chagoin pour savoir le nombre exact de minutes qu'il passerait en tête à tête avec Antonie.

L'attente fut longue, car ce ne fut qu'au bout d'une heure que Paul Chagoin quitta l'appartement et sortit de la maison.

Une heure ! pour une femme comme Cornélie, une heure renfermait tout le temps nécessaire à une reconnaissance et à une réconciliation, si ce n'est à une séduction.

Cornélie sentit qu'elle avait en main de quoi se venger de la beauté, de l'intelligence, de l'esprit, de la distinction d'Antonie, et elle emporta sa découverte comme un trésor où elle pourrait puiser à plaisir du scandale pour les autres.

Voilà en quelles mains était tombée la malheureuse Antonie ; voilà le sens qu'on donnait à une circonstance qui avait été pour elle une nouvelle douleur.

XIV

N effet, lorsque Paul Chagoin avait été assuré, par la réponse de la portière, que Torcy n'était pas chez lui, il avait compris qu'il pouvait mettre à exécution le plan qu'il avait préparé pour pénétrer jusqu'à la mystérieuse inconnue.

L'assurance où était Chagoin qu'il devait connaître cette femme, et que son aspect suffirait pour lui en imposer, lui avait suscité cette ruse assez misérable. Aussi, dès qu'il eut sonné et qu'on lui eut dit que Mme Torcy n'était pas chez elle, il s'empressa de répondre :

— Je sais que Mme Torcy ne reçoit point ; mais veuillez lui dire que c'est une personne qui vient de la part de son mari.

— Quel est le nom de monsieur, pour que je le dise à madame ?

— Elle ne me connaît pas ; mais il est important que je lui parle à l'instant même.

Chagoin avait une sorte d'élégance de mise qui pouvait le faire passer pour un homme distingué aux yeux d'une femme de chambre, et celle à laquelle il s'adressait n'éprouva aucune crainte à laisser pénétrer cet homme dans l'appartement ; et tandis que Paul Chagoin attendait dans une salle à manger, elle alla dire à sa maîtresse quelle était cette visite, qu'Antonie avait d'abord supposée une nouvelle tentative de Cornélie.

— Madame, lui dit cette fille, c'est un monsieur qui vient de la part de M. Torcy, et qui a à vous parler tout de suite.

Antonie n'eut pas même la pensée que cela pût ne pas être vrai, et jetant vivement le livre qu'elle tenait, elle s'écria tout alarmée :

— De la part de Manuel ?... Lui serait-il arrivé quelque accident ? Où est-il ce monsieur ?

— Il est dans la salle à manger, madame.

Antonie y courut, et dit rapidement à Chagoin :

— Mon Dieu, monsieur, avez-vous quelque malheur à m'apprendre ?...

Mais Paul ne répondit pas.

Il regardait Antonie ; il ne la connaissait pas, il ne l'avait jamais vue, et l'effet qu'il attendait de sa présence était complètement manqué ; car Antonie le regardait aussi comme quelqu'un qu'on voit pour la première fois.

Antonie stupéfaite de ce silence qui, dans la pensée qu'elle avait, était sans doute un présage de malheur ; Antonie répéta sa question, et Paul Chagoin, ne trouvant aucune défaite, répondit à Antonie, que sa femme de chambre avait suivie :

— C'est à vous seule, madame, que je voudrais dire ce qui m'amène.

— Veuillez passer par ici, lui dit Antonie en entrant rapidement dans sa chambre.

Le peu de temps qu'il fallut pour faire entrer Chagoin et fermer une porte suffit cependant à cet homme pour se remettre un peu, et il se dit à lui-même :

« Ma foi, puisque j'y suis, j'en veux profiter d'une manière ou d'une autre. »

Il n'avait pas achevé cette réflexion, qu'Antonie se tourna vers lui, et lui dit avec une véritable anxiété :

— Eh bien ! monsieur, parlez maintenant ; qu'est-il arrivé à Manuel ?

— Mais rien de bien grave, dit Chagoin, qui malgré son impudence était dominé par le trouble véritable d'Antonie... Cependant...

Il s'arrêta, ne sachant plus que dire ; mais l'anxiété d'Antonie le tira encore d'embarras et elle s'écria :

— Est-ce qu'il n'est pas chez M. de Changiron ?

Par un de ces bizarres hasards qui rattachent toute une série d'événements à un mot, le nom de M. de Changiron, prononcé en ce moment, fournit à Paul Chagoin une réponse à laquelle il n'eût sans doute point pensé sans cela. Le nom de Changiron rappela à Chagoin que M. Gagerot l'avait quitté en lui disant qu'il allait faire une visite chez le marquis, et Chagoin repartit à tout hasard :

— J'espère que M. Gagerot l'y trouvera encore.

A son tour, ce nom de Gagerot produisit un effet si soudain sur Antonie, qu'elle recula et répéta d'une voix tremblante :

— M. Gagerot ! dites-vous ?

Ce trouble n'échappa point à Chagoin, et lui rappela qu'au dire de Cornélie son propre nom avait produit un effet pareil sur Antonie, et sans autre motif que ce souvenir, il répliqua en se posant tragiquement :

— Oui, madame, M. Gagerot et moi... Je suis M. Paul Chagoin.

— Vous ! s'écria Antonie avec une véritable épouvante, vous !...

Chagoin fut presque aussi surpris de l'effet qu'il produisit que de celui qu'il avait manqué, et lui dit, sans trop s'expliquer à lui-même le sens qu'il prêtait à ses paroles :

— Vous me connaissez donc ?

— Si je vous connais ! lui dit Antonie... vous... vous... vous !

Et à chaque vous, un regard de mépris et d'horreur plus prononcé frappait Chagoin comme pour l'écraser.

Paul eut peur, et quelque chose de profondément caché en lui-même s'agita dans son âme, car il se troubla à son tour, et reprit d'une voix mal assurée :

— Vous me connaissez ?

— Si je le connais, l'infâme ! s'écria Antonie.

— Mais je ne vous connais pas, moi, madame...

— Vous ne me connaissez pas, dites-vous ? reprit Antonie avec désespoir.

Puis elle s'arrêta tout à coup, comme frappée d'une pensée soudaine.

— Oui, c'est vrai, vous ne me connaissez pas ; d'ailleurs, ce n'était pas vous...

— Que voulez-vous dire ? reprit Chagoin, dont les alarmes semblaient s'accroître à chaque mot...

Mais Antonie à son tour garda le silence, et, ramenant à elle sa raison un moment égarée, et sans doute ses souvenirs, elle répéta lentement :

— C'est vrai, vous ne me connaissez pas... Mais alors qu'êtes-vous venu faire ici ? reprit-elle avec une autre espèce d'épouvante.

— Ma foi, madame, repartit Paul Chagoin, à qui l'effroi d'Antonie avait rendu une partie de son impudence, je suis venu parce que j'étais curieux de vous voir ; et maintenant que je vous ai vue, il faut que je vous connaisse.

— Vous ne me connaîtrez jamais, monsieur ! lui repartit Antonie avec dignité, et je vous prie de sortir de chez moi.

— Ah ! pour cela, non, madame, pas avant que je sache qui vous êtes.

— Monsieur Paul Chagoin, lui dit Antonie en prononçant ce nom comme s'il eût été une menace à celui à qui elle l'adressait, sortez de chez moi !... Sortez de chez moi, monsieur Paul Chagoin ! répéta-t-elle avec un cruel mépris.

— Eh ! madame, je sais mon nom... C'est le vôtre que j'ai juré que j'apprendrais et que j'apprendrai, je vous le promets.

— Mon nom ? lui dit Antonie.

— Oui, votre nom.

— Vous êtes un misérable ! Et c'est parce que je suis seule dans cette maison, que vous osez m'y venir insulter.

— Ah ! s'écria Chagoin, que votre Manuel vienne donc, et je l'interrogerai, lui, de façon à ce qu'il me réponde !

— Manuel !... Vous oseriez ! et que vous a-t-il fait, monsieur ? Qu'a de commun Manuel avec un homme comme vous ?

— Avec un homme comme moi ! reprit Chagoin en qui bouillonnait une rage qui venait assurément d'un autre sentiment que de la colère que pouvaient lui inspirer les paroles méprisantes d'Antonie ; un homme comme moi ! mais si vous le connaissiez, cet homme, vous devriez savoir qu'il est capable...

— Capable de tout, c'est vrai, dit Antonie, capable de tout, même d'un crime !

— Ah ! madame, s'écria Chagoin au comble de la fureur, vous n'êtes qu'une femme ; mais ceci est une injure dont quelqu'un me rendra raison.

— Eh bien ! lui dit Antonie exaspérée, ce sera moi.

— Vous !

— Moi, Eulalie Pontois.

— Eulalie Pontois ! s'écria Paul Chagoin comme un homme frappé d'une vision surnaturelle. Eulalie Pontois ! répéta-t-il en la considérant avec des yeux effarés.

— Ah ! vous êtes bien content, n'est-ce pas ? vous savez mon nom, monsieur, et vous pouvez aller le dire à Manuel qui ne le sait pas ?

— Oh ! non... non, madame, s'écria Chagoin... jamais... jamais.

— Lâche et infâme... vous ne le direz pas, je le sais, car je me défendrais peut-être... et alors je dirais la vérité... toute la vérité... je la sais.

— Oh ! ce Pontois, il m'a trahi ! s'écria Chagoin en portant avec rage ses mains à son front.

— Monsieur ! monsieur ! ne prononcez pas le nom de mon père, je vous le défends..., s'écria Antonie avec hauteur.

— Vous, me le défendre !

— Oui, moi qui ne suis plus rien en ce monde, je vous le défends !

Paul Chagoin se recula lentement d'Antonie, comme une bête fauve qui veut prendre du champ pour sauter plus aisément sur sa proie, puis il dit d'une voix railleuse :

— Mais vous êtes sous le coup d'une accusation de meurtre, et votre père n'est plus là pour s'accuser et vous défendre ?... Il est mort, votre père !...

— Mort ?

— Oui, depuis six mois.

— Ah ! s'écria Antonie, emportée par la violence de sa douleur, c'est toi qui, après l'avoir poussé au crime, l'as assassiné, misérable !... Oh ! s'il est mort, malheur à toi ! je parlerai... je parlerai...

— Sans preuves ? vous êtes folle !...

— Sans preuves !... sans preuves !... dit-elle ; eh ! qu'importe ? Mon père ! mon père est mort !... Pauvre père !... Il était bon, et il a fallu votre infernale insistance pour le pousser à ce forfait. Il est mort !... mais dites-moi donc comment il est mort, monsieur ! A-t-il pleuré sa fille ? l'a-t-il

pleurée, lui ?... a-t-il dit qu'elle était innocente ?...

— Il a profité de ce qu'on croyait à la mort de sa fille pour sauver sa tête, et il a succombé sous le remords d'avoir poussé sa fille au suicide.

— Et vous vivez, vous ! lui dit Eulalie, et vous venez m'insulter, et vous êtes ici, et je ne vous ai pas encore livré à la justice !

— Qui ne condamnera que vous, Eulalie ; car toutes les preuves vous accablent : ne le savez-vous pas ?

— Que voulez-vous dire ?

— Le voici, dit Paul Chagoin.

Et il lui raconta tous les résultats de cette enquête qui avait si clairement démontré la culpabilité d'Antonie.

Antonie l'écoutait avec une affreuse stupéfaction ; elle demeurait anéantie sous cet affreux récit.

Ce n'est pas qu'elle ne sût tout cela, elle l'avait appris à son retour de Suisse ; mais ce récit, fait par le vrai coupable avec une atroce complaisance, la glaçait d'un effroi indicible, car elle se sentait au pouvoir de cet homme ; cet homme pouvait la perdre, la déshonorer, l'envoyer à l'échafaud, la rendre un objet de mépris et de honte pour Manuel.

En une minute, tout cela devint possible et menaçant pour elle.

Tout son courage, toute sa résolution l'abandonna à cette horrible pensée ; elle fondit en larmes aux pieds de Paul Chagoin, et lui dit avec désespoir :

— Oh ! vous vous tairez, n'est-ce pas ? vous vous tairez !

— Peut-être, lui dit Paul Chagoin avec une basse ironie. Demain, après-demain, je viendrai vous dire ce que j'ai décidé...

Tant d'impudence révolta Antonie ; elle eut honte pour l'innocence en la voyant en sa personne aux pieds du crime insolent ; ce qu'elle n'eût pas osé pour le salut de sa vie, elle le fit pour la dignité de ce sentiment.

Elle se releva...

— Vous allez sortir à l'instant même, monsieur, et je vous apprendrai, quand il me plaira, ce que j'ai décidé de vous, et, s'il le faut, de moi.

Dans cette déplorable scène, la terreur allait de l'un à l'autre, et ce fut Paul Chagoin qui eut peur à ce retour de menaces de la part d'Antonie.

— Eh bien ! lui dit-il, madame, voulez-vous qu'il soit de cette rencontre comme si elle n'avait jamais été ? Je ne saurai pas que vous existez, et vous ne m'aurez jamais vu... jamais... entendez-vous ?

— Et qui me répondra de votre silence ?

— Mon intérêt, madame ; et vous devez penser que, malgré l'assurance que j'ai qu'aucune accusation ne pourrait avoir de danger pour moi, je dois cependant désirer éviter un éclat dont l'envie s'armerait peut-être pour me calomnier.

C'était horrible à entendre.

Cette explication de Chagoin fit changer la résolution qu'Antonie avait presque prise d'accepter cette espèce de transaction. Mais le seul son de la voix de Paul Chagoin faisait de ce silence menteur une hideuse complicité, et Antonie se révoltait à l'idée d'avoir un secret commun avec cet homme.

Cependant un sentiment plus fort l'emporta, et elle lui dit :

— Eh bien ! soit, monsieur ; mais sortez... sortez... n'ajoutez pas un mot ; car je ne sais si je ne préférerais pas la mort la plus honteuse à l'horreur de vous écouter.

— Soyez prudente, lui dit Chagoin, et n'oubliez pas que je veillerai sur vous !

Il sortit aussi bouleversé qu'Antonie de ce qui venait de lui arriver.

Quant à elle, à peine fut-il parti qu'elle sonna sa femme de chambre, et lui dit :

— Je vous prie de ne pas parler à monsieur de la visite que j'ai reçue ce soir.

La femme de chambre s'inclina sans répondre.

Mais assurément, pensa-t-elle, il s'était passé quelque chose d'extraordinaire, car madame était toute bouleversée.

Pauvre Antonie, à quelles mains était-elle livrée ! Une Cornélie, un Paul Chagoin et une femme de chambre !

XV

Après le premier transport de sa douleur, Antonie, demeurée seule, put réfléchir un moment sur la scène qui venait de se passer entre elle et Chagoin, et sur la condition qu'elle avait été forcée d'accepter de cet homme.

Elle s'était mise à sa merci, il pouvait la perdre le jour où il le voudrait, à l'heure où cette horrible fantaisie lui viendrait, ou bien lorsqu'il penserait que la découverte et la condamnation définitive de cette femme étaient nécessaires à son repos. Et quand bien même il ne le ferait pas, qu'était l'existence d'Antonie incessamment suspendue à un fil que tenait une pareille main ?

Cette situation devenait impossible à supporter, et Antonie n'eut qu'une pensée, ce fut d'en sortir. Elle s'attacha à ce projet, et avec un courage désespéré, elle brisa en elle-même le dernier lien qui la retenait.

Elle se persuada par toutes les raisons que put lui fournir son malheur, qu'il valait mieux pour elle abandonner l'asile que lui avait ouvert l'amour de Manuel, que de s'en voir chasser bientôt avec la malédiction et le mépris de celui pour qui elle avait gardé la vie.

Ce fut une lutte douloureuse et dans laquelle Antonie épuisa toutes ses forces ; aussi lorsqu'il fallut arriver à l'exécution, elle se trouva incapable d'agir ; car ce fut à ce moment surtout que sa situation se montra dans toute sa fatalité. Elle avait pensé à fuir de la maison de Manuel ; mais où irait-elle ? Lui restait-il un refuge pour se cacher ?

A deux pas de la porte de cette maison, la misère la plus absolue devenait sa compagne. Serait-ce par la mendicité qu'elle lui échapperait ? Mais la mendicité conduit devant les tribunaux, et les investigations des tribunaux découvrent les noms les plus cachés, les antécédents les plus obscurs. On remonterait son existence pas à pas, jour à jour, et l'on arriverait à l'époque fatale où le mystère de la vie nouvelle d'Antonie expliquerait si bien la trace perdue de l'existence d'Eulalie Pontois.

Et puis, que de honte à subir devant tous, devant Manuel, et combien n'en pourrait-il rejaillir sur lui !

Fuir bien loin et échapper à la mendicité par le travail ? mais pour cela il faudrait pouvoir payer le prix d'un lointain voyage, et Antonie ne possédait rien.

Il y avait bien là près d'elle plus d'or qu'il ne lui en fallait pour traverser les mers, et cet or, si elle l'eût demandé, Manuel le lui aurait donné ; mais il fallait le prendre. C'était un vol ; un vol pour qui déjà était accusée de meurtre !

Antonie frissonna à cette pensée, comme si la flétrissure et le bourreau lui étaient apparus !

A travers tous ces desseins contre lesquels elle se heurta et se brisa le cœur en cherchant une issue à son affreuse position, Antonie voyait bien cependant une porte ouverte et qui ne se fermerait pas devant elle : c'était celle du suicide, c'était la tombe. Ce refuge échappait à toutes les investigations ; une heure, une minute suffisaient pour l'atteindre ; mais cette minute de courage Antonie ne pouvait la retrouver.

Dans le délire que lui avait causé le spectacle du crime auquel elle avait assisté, elle avait trouvé le suicide en courant à la fuite. Le torrent s'était rencontré devant ses pas et elle s'y était précipitée, sans mesurer l'action qu'elle commettait.

Mais à ce moment, c'était un parti à prendre, c'était une mort bien calculée à se donner ; il fallait l'envisager en face, y marcher résolument et ne pas reculer au suprême moment.

Voilà où le courage d'Antonie succombait ; elle n'osait mourir, et cependant la vie lui paraissait impossible. Lorsque l'esprit est poussé jusqu'en ces derniers abois, il s'égare, et souvent la folie vient frapper ceux qui subissent ces affreuses incertitudes.

Antonie sentit sa raison prête à fléchir sous le choc de cette tourmente cruelle ; et, comme elle y avait déjà échappé dans cette journée par la prière, ce fut dans la prière encore qu'elle chercha une étoile pour la guider et de la force pour marcher dans la voie que cette clarté lui indiquerait.

Donc, si Torcy était venu à ce moment, il eût trouvé encore Antonie à genoux et pleurant, et cette persistance dans le désespoir eût sans doute amené entre eux une nouvelle explication ; de cette explication fût sorti sans doute ou un aveu d'Antonie, ou peut-être une résolution qui eût amené une rupture.

Mais par un de ces fallacieux raisonnements que le cœur compte comme des inspirations célestes, Antonie se persuada que, n'ayant pas fait sa destinée, elle n'était plus maîtresse de la diriger, et que le seul parti à prendre était de l'accepter comme le sort la lui faisait.

Antonie, comme tous les cœurs navrés par le malheur, raisonnait en vertu des circonstances qui l'accablaient et non en vertu de son droit et de son

devoir; elle courbait volontairement la tête en face
du crime et s'en donnait
toutes les apparences.

Elle appelait cela su-
blime résignation, et ne
s'apercevait pas qu'après
le silence obstiné qu'elle
avait gardé et qui avait
été si cruellement expli-
qué contre elle, il lui fallait employer le menson-
ge, qui donnerait raison à
des suppositions encore
plus odieuses.

Noble erreur qui lui fai-
sait commettre un suicide
moral, lorsqu'elle s'épouvantait d'un suicide phy-
sique.

Antonie était déjà donc
plus calme lorsque Torcy
arriva chez lui.

Si Antonie avait été
avertie de toutes les précautions à prendre pour
faire réussir un mensonge, peut-être n'eût-elle pas
osé les ordonner; mais l'avis donné à sa femme de
chambre lui avait paru suffisant. Celle-ci n'en avait
pas jugé de même, et, en fille experte, elle avait
été donner le mot d'ordre à la portière, de façon
que lorsque Manuel demanda en passant près de sa
loge : « Est-il venu quelqu'un pour moi? », il lui
fut répondu très affirmativement qu'il n'était venu
personne.

Torcy renouvela sa question en rentrant chez
lui, et reçut la même réponse.

Il arrivait le cœur encore tout gonflé de colère
et de vengeance, mais agité aussi d'une autre
pensée.

En effet, durant le trajet qu'il avait fait de chez
le marquis jusqu'à sa maison, Manuel, tout en
considérant la visite de Paul Chagoin comme une
insulte qu'il devait punir, avait cependant cru y
entrevoir une chance de sortir de son incertitude.
Or, Paul Chagoin ne connaissait pas Antonie, et
Torcy se figurait que cette assurance suffirait à
détruire les soupçons qui revenaient sans cesse
torturer son cœur, ou bien Paul Chagoin la
connaissait véritablement, et alors il saurait de lui
par force ou par ruse quelle était cette femme.

Torcy prévoyait bien qu'il n'obtiendrait pas ce
résultat sans lutte, et que peut-être il marcherait à
une catastrophe ; mais Torcy la préférait, si fatale
qu'elle pût être pour lui, à l'insupportable tourment
de son ignorance.

Manuel éprouva donc une sorte de dépit, en
arrivant chez lui, de n'y pas trouver Paul Chagoin
et d'apprendre qu'il ne s'y était pas même présenté.
Il ne soupçonna pas un instant qu'on lui cachait la
vérité ; mais il était si violemment agité, qu'il
passa dans son cabinet avant d'entrer chez
Antonie, afin de pouvoir l'aborder avec calme.

Changiron et Gagerot s'acheminaient vers
le pont d'Iéna (p. 28).

Manuel se demanda alors si c'était
une mystification de Gagerot, ou
plutôt si Paul Chagoin avait fait
seulement une bravade qu'il
n'avait pas osé exécuter; en tous
cas, il se trouvait, lui, Manuel, à
la merci des propos, des quolibets,
des entreprises d'un méchant garnement et de l'intervention du
premier venu; et il en serait toujours ainsi tant qu'Antonie s'obs-
tinerait dans son silence.

Pendant qu'il s'abandonnait à
ses réflexions, Antonie écoutait ti-
midement le silence qui régnait autour d'elle.

Elle avait entendu avec crainte la rentrée de
Torcy, sa demande inaccoutumée, la réponse qui
lui avait été faite ; puis, au lieu de venir à elle,
Manuel s'était retiré chez lui. Il y avait quelque
chose de nouveau, d'extraordinaire, encore un
malheur sans doute.

Antonie en fut si persuadée qu'elle n'osa aller à
sa rencontre, et demeura immobile à attendre.

De son côté, lorsque Manuel se fut un peu remis
de son agitation, il s'en voulut de ne pas être
entré sur-le-champ chez Antonie ; et en même il
s'étonna qu'au son de sa voix elle ne fût pas venue
comme de coutume au-devant de lui.

En un moment, l'imagination mobile du peintre
se figura les plus graves accidents. En une seconde,
Antonie redevint la plus malheureuse des femmes,
à qui il faisait des torts de ses malheurs ; et peut-
être pendant qu'il l'accusait n'était-elle plus là,
avait-elle fui comme elle le voulait le matin !
Manuel n'eut pas le temps d'aller jusqu'à une
supposition de suicide ; car il se précipita dans la
chambre d'Antonie en l'appelant. Elle alla vers lui,
mais tristement, comme quelqu'un qui a peur...

Sous l'impression d'une crainte imaginaire il allait
la presser dans ses bras en la revoyant : mais l'air
d'abattement qu'il lui trouva, et qui lui parut de
la froideur, glaça ce soudain transport. Torcy se
repentit de ses terreurs ; son cœur retourna à sa
colère : Antonie l'attendait sans doute avec beaucoup de calme, et ne s'était pas même aperçue qu'il
n'était pas entré chez elle tout de suite.

Il maîtrisa son transport et lui dit d'un ton assez
raide :

— Bonsoir, Antonie.

— Bonsoir, Manuel.

— Tu ne t'es pas trop ennuyée ?

— Non, mon ami.

— Et qu'as-tu fait ?

— J'ai souffert.

Ce mot répondait à la pensée d'Antonie, pensée bien simple : elle se sentait toute brisée, et voulait mettre sur le compte d'une indisposition cette faiblesse et cet abattement.

Mais dans la disposition d'esprit où était Manuel, ce mot : j'ai souffert, lui arriva comme une de ces phrases à effet que les habiles comédiennes en passion, qu'a créées la littérature actuelle, jettent à la tête des niais, et il répondit d'un ton railleur :

— C'est une étrange occupation.

Antonie tressaillit à cette réponse ; et regardant Manuel d'un air étonné, elle reprit :

— Que vous ai-je donc dit, Manuel ?

— Mais que vous aviez souffert.

— C'est vrai, reprit-elle en laissant retomber sa tête sur sa poitrine ; j'ai été malade... bien malade.

— Malade !... Ah ! mon Dieu, s'écria-t-il vivement et avec une tendresse respectueuse, qu'as-tu, ma pauvre enfant ?

— Oh ! ce n'est rien, répondit-elle avec son doux sourire d'ange ; demain je n'y penserai plus.

On le voit à ces quelques paroles, ce n'était pas seulement dans les phases importantes de la vie de Manuel que son âme était agitée ; chaque parole le faisait passer d'un bon à un mauvais sentiment, d'un soupçon à un repentir ; c'était une existence qui donne rapidement au cœur et à l'esprit une lassitude découragée, c'était un de ces malheurs que ceux qui les souffrent peuvent seuls comprendre.

Cependant Manuel s'informait plus tendrement de ce qu'avait pu souffrir Antonie, lorsqu'il entendit sonner bruyamment. Quoique la soirée fût assez avancée, l'heure n'était pas passée où un homme comme Paul Chagoin pût se croire permis de se présenter chez une femme.

Torcy se leva de près d'Antonie comme un soldat qui entend un signal de bataille.

— Qui peut venir ? dit Antonie, épouvantée à l'idée que Chagoin pouvait avoir osé se présenter une seconde fois.

— Tais-toi, lui dit Manuel en se tournant vers la porte pour écouter.

— Qu'est-ce donc ? lui dit Antonie.

— C'est étrange, dit Manuel en ouvrant la porte, car il lui avait semblé reconnaître la voix de Changiron.

A peine eut-il ouvert qu'il se trouva nez à nez avec la femme de chambre, qui annonça M. de Changiron.

— Vous ? lui dit Torcy qui l'aperçut à deux pas...

— Pardon, mon ami, lui dit M. de Changiron en venant à lui rapidement ; la sottise de M. Gagerot et l'inquiétude de ma femme m'ont fait faire, je le crois, une maladresse. Je me retire.

Mais au moment où il prononçait ce mot,

Changiron aperçut une femme dans la chambre où il était entré, et la salua profondément. C'était le modèle de ce portrait qu'il avait vu le matin, c'était l'inconnue mystérieuse que menaçait Paul Chagoin.

Changiron n'osa la regarder attentivement, mais il demeura si étonné de cette parfaite beauté, qu'il ne se retira point comme il l'avait dit, et que Torcy fut obligé de le présenter à Antonie.

— Veuillez m'excuser, madame, lui dit Changiron ; j'avais quelque chose de très pressé à dire à M. de Torcy ; j'avais oublié de lui en parler chez moi, et j'ai couru après lui sans trop réfléchir à l'inconvenance de ma visite.

— Je vous remercie au contraire, monsieur, de mettre cet empressement à instruire Manuel de ce qui peut l'intéresser. Je vous laisse ensemble.

XVI

ANTONIE se retira, et à peine eut-elle fermé la porte de cette chambre, qu'elle s'arrêta pour écouter. Elle avait entendu le mot de Changiron :

« La sottise de Gagerot m'a fait faire une maladresse... »

Et ce mot avait réveillé toutes ses épouvantes.

Elle avait compris qu'on n'osait s'expliquer devant elle, et cependant elle voulut savoir ce qu'avait dit M. Gagerot.

Dès qu'elle fût partie, en effet, Changiron s'empressa de dire à Manuel :

— Je vous demande encore une fois pardon de ma visite ; mais voici ce qui est arrivé :

« Tout surpris de votre brusque départ, après votre *aparté* avec Gagerot, j'ai demandé à celui-ci ce qu'il avait pu vous dire. Alors il m'a raconté qu'il avait cru devoir vous avertir de la brutale fanfaronnade de Paul Chagoin. Je vous avoue que je lui ai dit qu'il avait eu grand tort ; car j'ai certifié que, si vous le trouviez chez vous, vous le jetteriez par les fenêtres...

« Ma femme, qui a entendu cela, s'est alarmée... Elle a cru voir tout de suite des épées tirées, des poignards, que sais-je ?... Enfin ? elle a voulu que je vinsse pour prévenir un malheur.

— Je vous remercie de votre intérêt, dit Torcy assez sèchement ; mais Chagoin était ivre sans doute quand il a tenu le propos qui avait alarmé M. Gagerot. Du reste, vous pouvez lui dire que si M. Paul Chagoin m'obligeait à lui donner une leçon, je me sens capable de le faire moi-même sans le secours de personne.

— Vous prenez mal l'intérêt qui m'a amené, dit Changiron d'un ton sérieux, et je craindrais en vous l'expliquant, de vous faire croire que je veux pénétrer dans vos secrets. N'en parlons donc plus. Je prierai, de mon côté, M. Gagerot de s'abstenir de parler de ce sujet, du moins chez moi.

— Je vous éviterai cette peine, reprit Torcy avec plus d'amertume, et je me propose d'aller le prier moi-même de ne plus s'occuper de mes affaires.

— Vous me dites cela d'un ton si fâché, reprit Changiron, que vous me feriez presque croire que je dois prendre une part de la leçon que vous voulez donner à M. Gagerot. Je vous affirme que je regrette sincèrement ce que j'ai fait, et je croyais vous l'avoir dit de façon à ne pas vous voir prendre, comme vous le faites, une intention peut-être maladroite, mais assurément toute d'intérêt pour vous.

Changiron se retirait, lorsque Torcy l'arrêta.

— A votre tour, excusez-moi, lui dit-il, je devrais vous remercier de votre démarche ; mais, moi, je ne vais chercher personne dans sa vie, et je suis blessé, irrité de ce qu'on veut pénétrer dans la mienne et voir dans mon cœur. J'ai pu confondre votre bonne amitié avec l'insolente perquisition de ce Gagerot ou de ce Paul Chagoin ; j'ai eu tort.

— Je ne vous demande pas d'excuse, Torcy : vous êtes malheureux : ce qui s'est passé entre nous à votre atelier me l'avait déjà fait comprendre. Eh bien ! vous trouverez peut-être qu'il y a de la fatuité dans ce que je vais vous dire ; mais j'ai la prétention de juger assez justement des hommes et des femmes à leur premier aspect. J'ai rencontré Chagoin dans un bal, où il était, comme beaucoup d'autres, debout au coin d'une porte, et j'ai deviné le vice crapuleux sous son élégance ; la première fois que j'ai vu Gagerot, j'ai jugé que c'était un sot. Je me suis rarement trompé. Eh bien ! Torcy, si je croyais aux anges, je vous dirais que la femme que je viens de voir en est un.

Torcy ne répondit pas ; il devint triste en voyant que, du premier mot, Changiron était si bien arrivé au secret de sa douleur.

— Ah ! si elle voulait ! ajouta-t-il un moment après, avec un accent de regret.

— En vérité, Torcy, je souffre pour vous ; je ne vous comprends pas. Je ne vous répéterai pas ce que je vous ai dit ce matin, car je ne puis plus maintenant admettre les suppositions que je faisais peut-être comme d'autres ; mais je ne conçois pas qu'un homme reste vingt-quatre heures dans l'état où vous êtes. Soyez jaloux, cachez votre trésor à tous les yeux, je comprends cela ; je comprends toutes les folies du cœur ; mais je pense qu'on doit en avoir le courage. Osez être ce que vous êtes, et vous ferez cesser toutes ces curiosités qui vous obsèdent. Le monde n'est guère envieux d'apprendre ce qu'il ne s'explique pas. Dites à qui voudra l'entendre que vous êtes comme les Orientaux, et qu'un regard jeté sur celle que vous aimez vous semble une insulte à votre amour. On en rira peut-être un jour ou deux, et puis après on n'y pensera plus.

— Laissons cela, dit Torcy avec une impatience douloureuse. Je devrais peut-être me confier à quelqu'un ; car, je le sens, je me perds dans mes projets, dans mes chagrins ; mais je ne peux... j'ai juré de me taire. J'ai accepté la fatalité de cette existence, je la subirai... c'est un parti pris.

— Soit, Torcy ! lui dit Changiron ; mais alors à défaut du courage qui ferait taire tous les curieux, ayez la prudence de ne pas relever par un éclat des propos sans valeur. N'allez ni à Gagerot ni à Paul Chagoin ; laissez-les s'ennuyer de leurs sots bavardages : ils y renonceront dès que vous paraîtrez ne pas vous en apercevoir.

— Vous avez raison, dit Torcy ; et maintenant je vous remercie d'être venu, car j'aurais peut-être été trop loin.

Torcy et Changiron se séparèrent.

Antonie, qui avait tout entendu, se laissa aller à espérer qu'elle venait de traverser une tempête qui s'était tout à fait dissipée, et qui ne se renouvellerait probablement plus. Quand Manuel la retrouva, ils furent calmes tous deux, et rien ne fut dit sur le motif de la visite qu'ils venaient de recevoir.

Lorsque M. de Changiron fut de retour chez lui, il y trouva encore Gagerot.

Camille questionna son mari ; mais il fut très réservé, raconta seulement qu'il avait trouvé Torcy et Antonie très tranquilles, et qu'on n'avait point entendu parler de Chagoin.

Changiron pensait avoir fait de sa mission un récit assez simple pour qu'on ne revînt pas sur cet événement ; mais il avait laissé échapper un mot auquel s'attacha toute l'attention de Mme de Changiron :

« J'ai trouvé Torcy et Antonie fort tranquilles », avait-il dit.

— Vous avez donc vu cette merveilleuse beauté ? dit Camille.

— Oui, vraiment, dit Changiron, et je suis entré chez elle comme on entre chez toute autre femme.

— Ah ! dit Mme de Changiron, vous avez de grands privilèges dans cette maison, à ce qu'il paraît.

Le ton aigre dont Camille prononça ces paroles fit supposer à Changiron que la conversation de M. Gagerot avait semé chez lui de petites suppositions qui portaient déjà leur fruit ; mais il ne se souciait point de prendre cela au sérieux devant sa femme.

— Vraiment, oui, dit-il ; et c'est un privilège que je vous dois à tous deux, qui m'avez si bénévolement envoyé pour prévenir un danger qui n'existait pas.

— Et cette femme est-elle véritablement bien belle ? dit Mme de Changiron.

— Admirablement belle.

— Et a-t-elle de l'esprit ? reprit Mme de Changiron en se mordant les lèvres.

— Elle s'est retirée à mon arrivée, et n'a pas prononcé quatre paroles.

— Et qu'avez-vous donc fait tout ce temps-là ?

— Mais j'ai causé avec Torcy.

— De quoi ?

— De toutes sortes de choses. Mais, en vérité, reprit Anatole, j'ai l'air d'un accusé sur la sellette. Mme de Changiron ne put contraindre un mouvement d'impatience, et lança un coup d'œil d'intelligence à Gagerot.

Le regard que Changiron lui jeta en même temps fut tellement significatif, que Gagerot comprit qu'il s'était probablement compromis. Aussi se hâta-t-il de dire :

— Écoutez, monsieur de Changiron, je suis au désespoir d'être mêlé dans tout ceci ; mais je dois tout vous dire, pour que vous ne puissiez pas croire que, de ma part, il y a bavardage ou propos.

— Monsieur Gagerot, je vous en prie ! dit Camille, comme pour lui recommander de se taire.

— Non, madame, reprit Gagerot, je parlerai.

— Eh bien ! parlez, lui dit Changiron.

— Mais qu'est-ce donc ? dit vivement Changiron.

— Voici comment la chose s'est passée : il y avait à peine dix minutes que vous étiez sorti de l'hôtel, qu'un de vos gens est entré et m'a remis une lettre. L'homme qui la lui avait donnée avait dit qu'il était de la plus extrême importance qu'elle me fût remise à l'instant même.

« J'ouvris cette lettre, et la première phrase me frappa d'une telle surprise, que je ne pus m'empêcher de la témoigner tout haut.

« Voici cette lettre et voici la phrase en question :

« On sait enfin quelle est la femme qui demeure « avec M. Torcy, et l'on voudrait le confier à « M. Gagerot. »

— C'est étrange, en effet, dit Changiron.

— Oui, dit Gagerot ; mais ce qu'il y a de plus étrange, c'est qu'ayant fait lire cette lettre à madame, elle a continué la lettre jusqu'au bout. Et cette lettre finissait ainsi :

« C'est comme ami de Mme de Changiron que « M. Gagerot a droit à cette confidence ; car cette « découverte est surtout importante pour elle. »

— Pour vous ? dit Changiron en s'adressant à Camille.

— Pour moi, à ce qu'il paraît, répondit-elle avec une fierté de femme trahie.

— Je n'ai pas inventé la lettre, la voilà, dit Gagerot, et vous voyez qu'on me donne rendez-vous ce soir, à une heure du matin, sur le pont d'Iéna, pour me faire cette confidence.

— Et je ne vois pas quel intérêt je puis avoir, dit Camille, à la découverte du nom de cette femme, s'il ne s'agissait pas de quelque intrigue à laquelle M. Torcy prête indignement la main, ou dont peut-être il est la première dupe.

— Je vous ai dit que c'est la première fois que je voyais cette personne, dit sévèrement Changiron, et je vous avoue à mon tour que ceci prend un caractère si singulier, que je veux en démêler le mystère. Vous allez aller à ce rendez-vous, je suppose, monsieur Gagerot ?

— Je n'en ai nulle envie. A une heure du matin cela ressemble beaucoup à un guet-apens.

— Eh bien ! dit Changiron, nous irons ensemble.

— Cela vous émeut beaucoup, à ce que je vois ? dit Camille.

— Pour vous, madame, dit Changiron ; par un inconcevable hasard, votre nom se trouve mêlé à tout cela ; j'ai le droit de savoir qui a osé s'en servir, et je veux que tout ceci finisse.

— Prenons des armes, dit Gagerot, et partons.

— Soit, dit Changiron ; attendez-moi un moment, je suis à vous.

Durant le peu d'instants qui s'écoulèrent entre sa sortie et son retour, Camille recommanda à M. Gagerot de ne pas se laisser tromper par Anatole, qu'elle soupçonnait depuis longtemps de quelque intrigue, et qui, probablement, n'allait au rendez-vous que pour empêcher la fameuse révélation.

Elle lui jura qu'elle serait fort discrète sur toutes les confidences qu'il pourrait lui faire ; et, un moment après, Changiron et Gagerot s'acheminaient vers le pont d'Iéna.

XVII

LORSQUE Gagerot et Changiron furent seuls, celui-ci voulut savoir s'il n'y avait pas dans toute cette affaire quelque chose qu'on lui cachait ; il aborda la question sans détour.

— Maintenant que nous pouvons nous expliquer sans témoins, faites-moi le plaisir de me dire, monsieur Gagerot, ce que signifie cette comédie qu'a jouée Mme de Changiron à propos de cette lettre ?

— Je n'ai rien à vous dire sur ce sujet, répondit Gagerot. Vous étiez ce matin chez Lavignan quand on a parlé de cette femme ; lorsque vous êtes sorti avec Torcy, Cornélie a prétendu que l'inconnue avait paru se troubler à mon nom et à celui de Chagoin. C'est de là qu'est venue à Paul la pensée de connaître Antonie ; il me l'a confiée, j'ai cru devoir en avertir Torcy quand je l'ai rencontré chez vous.

« Cette lettre que je vous ai montrée est venue m'y chercher, je ne sais pas un mot de plus de toute cette histoire ; et quant à la jalousie de Mme de Changiron, vous devez savoir mieux que moi si elle est bien ou mal fondée.

Changiron ne répondit pas tout de suite et parut réfléchir à ce que venait de lui répondre Gagerot, puis il reprit tout à coup :

— Comment ! elle n'a rien dit de ses soupçons sur mon compte ?

— Je vous prie de croire, répondit Gagerot, que c'est une confidence que je n'ai point sollicitée.

— Elle vous en a donc fait une ? dit Changiron avec une extrême surprise.

— J'ai peut-être mal choisi le mot, reprit Gagerot, elle a témoigné des craintes, des doutes ; vous avez une réputation peu rassurante pour une femme.

— Oui, et voilà en quoi elles sont d'une insupportable injustice.

« Allez proposer à une fille à marier le plus beau garçon du monde, prôné par toutes les grand'-mères comme un jeune homme chaste et vertueux, et la demoiselle, fût-elle prude et dévote au suprême degré, se trouvera sacrifiée et aura bonne envie de rougir de son futur.

« Mais qu'on parle devant elles d'un homme qui a eu quelques aventures, on n'a pas besoin de les prêcher longtemps pour leur persuader qu'elles en feront un excellent mari ; leur vanité se gonfle à l'idée d'enchaîner le terrible don Juan, elles l'acceptent avec toutes sortes de craintes apparentes et de joies intérieures, elles en sont fières, elles en écrasent leurs rivales ; mais au bout de quelques mois de mariage, ce qui a fait le mérite du mari devient sa honte, son crime ; on l'en accable ; il a été séducteur, un homme sans mœurs ; il n'a pas un regard qui ne soit une tentative d'infidélité, pas un mot qui n'ait une portée cachée, pas une démarche qu'on ne l'explique contre lui.

« Sans compter que s'il s'avise de dire à une femme quelconque : « Vous souvenez-vous de ce « concert ou de ce bal, ou de ce dîner où nous « étions ensemble ? », à l'instant même cela veut dire dans sa bouche : « Vous souvenez-vous du « temps où je vous aimais, où vous m'aimiez ? »

— Ceci peut être vrai quelquefois, reprit Gagerot, mais cela le devient indubitablement lorsqu'une femme croit avoir des raisons présentes de soupçonner la fidélité de son mari.

— Ah ! reprit Anatole, des raisons présentes !

— Écoutez, reprit Gagerot, je hais les propos, les fausses interprétations ; je suis un homme de cœur et de loyauté. Eh bien ! lorsque nous avons été seuls, Mme de Changiron et moi, j'ai compris, à la manière dont elle m'a interrogé, qu'elle croyait avoir à se plaindre de vous ; vous prétextiez, dit-elle, mille affaires que vous n'aviez pas, il y a six mois, pour être le plus souvent absent de chez vous.

— Vraiment, dit Changiron, elle fait la jalouse ?

— Elle a beaucoup observé autour d'elle, et elle se croit assurée que ce n'est pas dans votre monde que vous avez trouvé une occupation si assidue ; elle a donc supposé que ce devait être dans celui où vous étiez quelquefois descendu (c'est son expression) avant votre mariage, et ce soupçon, qui ne savait à qui s'adresser, s'est tout naturellement arrêté sur la belle inconnue, lorsque cette lettre est venue la signaler comme vous l'avez vu.

— Eh bien ! dit Changiron après un moment de réflexion, j'aime autant qu'il en soit ainsi.

Gagerot essaya de comprendre le sens de cette réflexion, et grâce à la nature indulgente de son esprit, il supposa très naturellement qu'Anatole acceptait les soupçons que sa femme avait contre Antonie comme une diversion heureuse qui empêcherait ces soupçons d'arriver au véritable but.

Il fut confirmé dans cette pensée par la manière dont Anatole reprit la conversation :

— N'importe, cette lettre n'en est pas moins extraordinaire, et si nous ne devions pas en trouver tout à l'heure l'explication, je croirais que tout ceci est une mystification.

— Et de qui ?

— C'est parce que je veux l'apprendre, reprit Changiron, que je ne dis pas la main que j'en suppose coupable.

La conversation roula sur ce chapitre et revint tout simplement au motif du rendez-vous et à la manière dont il faudrait s'y prendre pour aborder celui qui l'avait donné.

— S'il voit que nous sommes deux, dit Changiron, il craindra peut-être de nous aborder, et s'éloignera, comme le ferait un passant. Avancez le premier, je vous suivrai à quelque distance, et dès que je vous verrai près de lui, je m'approcherai de façon à ce qu'il ne puisse nous échapper.

Cette façon d'agir n'allait point du tout à Gagerot ; mais il fallait bien y souscrire sous peine de montrer trop manifestement le sentiment qui la lui faisait trouver mauvaise.

Il répondit donc, mais avec une émotion à laquelle Changiron ne put se méprendre :

— C'est bien ; mais n'oubliez pas que vous avez autant et plus d'intérêt que moi à savoir ce nom, et qu'il ne faut pas, en vous tenant trop éloigné, vous exposer à voir fuir cet homme, s'il soupçonne que nous sommes deux.

Le moyen d'empêcher que cet individu ne s'aperçût qu'ils venaient deux au rendez-vous était assurément qu'un seul se montrât ; mais la peur a une logique toute particulière, et Changiron devina celle qui inspirait Gagerot.

— Vous avez raison, lui dit-il ; et comme je me crois le plus intéressé à cette découverte, ce sera moi qui, si vous voulez bien me céder votre place, marcherai le premier ; et vous n'approcheriez que si je vous appelle.

La curiosité de Gagerot lutta contre sa terreur ; si Changiron apprenait ce nom, il était homme à le garder, et voilà Gagerot détrôné de ce mystère.

Cependant il sacrifia sa curiosité au soin de sa personne. Il consentit à l'arrangement proposé par Anatole.

Arrivé au pont d'Iéna, il s'abrita derrière un des énormes massifs de pierre qui en masquent les angles et laissa Changiron s'avancer seul.

Celui-ci put voir dans l'obscurité un homme qui s'éloignait, et il marcha vivement à lui.

Cet homme ralentit le pas, et Changiron ne douta pas que ce ne fût celui qui avait donné le rendez-vous.

Cependant il pouvait se tromper et aborder un passant à qui il inspirerait peut-être l'idée qu'il était attaqué et qui commencerait par se défendre. Pour prévenir cette méprise, Changiron, dès qu'il fut à quelques pas de l'inconnu, commença par tousser ; l'homme tressaillit et marcha plus lentement.

Changiron alla vers lui et lui dit assez haut :

— Je suis Gagerot.

Cet homme s'arrêta tout à fait et se trouva face à face avec Changiron.

Cet homme se retourna et lui dit vivement :

— Qui êtes-vous ?... que me voulez-vous ?... Prenez garde, monsieur... je suis armé.

Changiron vit qu'en effet cet homme tenait un pistolet à la main.

— Pardon, monsieur, lui dit-il, je me suis trompé ; on m'a donné un rendez-vous ici ; et, comme je ne connais pas celui qui me l'a donné, je me suis adressé à la première personne que j'ai rencontrée.

Sans doute, au manège qu'avait fait cet homme, Changiron avait deviné que c'était celui qu'il cherchait ; mais cet homme connaissait Gagerot, et s'était aperçu qu'un autre se présentait à sa place : il avait le droit de se défendre, et Changiron ne pouvait avoir celui de le forcer à répondre.

— C'est singulier, dit cet homme sans s'éloigner.

Mais j'aurais dû prévoir cela, M. Gagerot n'est pas un homme à venir seul à un pareil rendez-vous.

— Vous êtes donc celui que je cherche ? s'écria Anatole en s'élançant vers lui.

L'inconnu recula et arma son pistolet :

— Prenez garde que je ne vous connais pas, reprit-il d'une voix mal assurée, et que, fussiez-vous un officier de police, je puis vous tuer ; car rien ne m'avertit de votre caractère.

— Je ne suis pas un officier de police, je suis M. de Changiron, et vous devez comprendre, d'après ce que vous avez écrit à M. Gagerot, que j'ai désiré savoir le nom que vous avez promis de lui livrer.

— Ah ! c'est vous qui êtes M. de Changiron, le mari de Mlle de Brevise ?

— Lui-même.

Cet homme frappa la terre du pied avec impatience en murmurant :

— Quel lâche imbécile que Gagerot !

— Il est à deux pas, et je puis l'appeler, dit Changiron.

— Le voilà qui vient sans doute, dit cet homme en s'éloignant encore.

En effet, Gagerot, qui voyait de loin Changiron arrêté avec l'inconnu, et qui supposait raisonnablement qu'il n'y avait plus aucun danger à s'approcher, venait pour avoir sa part du secret.

Mais il n'était plus temps ; car cet homme dit vivement à Changiron :

— Puisqu'il n'a pas osé venir, il ne saura rien, et je vous dirai tout ; mais il ne faut pas qu'il me reconnaisse. Suivez-moi.

Aussitôt il s'éloigna rapidement.

Changiron, qui ne voulait pas perdre cet homme de vue, le suivit, et Gagerot les vit bientôt s'éloigner et se trouva bientôt seul sur le pont d'Iéna, où il demeura près d'une heure une main sur le manche d'un pistolet et l'autre sur un poignard, attendant le retour de Changiron, qui ne revint point.

Il était près de trois heures du matin, lorsque Gagerot rentra chez lui, furieux et bien convaincu que Changiron l'avait joué. Il se promit de se venger, et l'occasion s'en présenta presque aussitôt.

XVIII

E jour n'était pas levé que Gagerot fut réveillé en sursaut par le bruit persévérant de la sonnette de son appartement.

Force lui fut d'aller ouvrir lui-même, ses domestiques ne voulant pas s'éveiller, et le sonneur ne se lassant pas de sonner ; et il trouva que c'était un des domestiques de Changiron qui venait à cette heure inconvenable.

Malgré sa mauvaise humeur, Gagerot comprit qu'il devait y avoir quelque événement, et il ne referma point sa porte au nez de l'importun, comme il en avait d'abord eu l'intention. Il apprit donc de ce domestique que M. de Changiron n'avait point reparu à son hôtel, et que Mme de Changiron, épouvantée de cette absence, envoyait chez M. Gagerot pour avoir des nouvelles de son mari.

Gagerot voulut d'abord répondre de vive voix, puis par écrit ; mais après quelques minutes de réflexion, il se décida à aller lui-même raconter la vérité à Mme de Changiron, car Gagerot ne disait jamais que la vérité.

XIX

N effet, lorsqu'une heure après, Gagerot fut chez Mme de Changiron, chez qui il trouva Mme de Brevise que sa fille avait envoyé chercher, il raconta comment M. de Changiron, sous prétexte de ne pas alarmer le donneur de rendez-vous bourgeois, avait voulu être le premier à l'aborder, et comme quoi tous deux avaient disparu en s'éloignant ensemble.

L'assurance qu'il n'y avait pas eu de catastrophe sur le pont d'Iéna, et que ce ne devait être que volontairement que Changiron avait suivi l'inconnu et n'avait pas admis Gagerot à cet entretien, calma immédiatement les tendres alarmes de Camille et les changea en accusations, que Mme de Brevise trouva parfaitement justes en sa qualité de belle-mère.

Anatole était un homme indigne, qui rendait sa fille horriblement malheureuse ; elle lui demandait pardon de l'avoir sacrifiée à un pareil homme, mais elle avait espéré que l'exemple des malheurs qu'entraîne l'inconduite des maris lui aurait profité, et qu'il ne ferait pas souffrir à sa femme les douleurs qu'il avait vu souffrir à sa mère.

— Comment ! s'écria Gagerot, M. de Changiron le père était un homme qui avait eu des torts envers sa femme ?

— C'était le digne père d'un tel fils, et je puis vous affirmer que ce fut une épouvantable histoire. Mais ce n'est pas de lui qu'il s'agit, c'est d'Anatole.

— Maman, reprit Camille en se levant avec dignité, je ne resterai pas une heure de plus dans cette maison.

Mme de Brevise trouvait bon de dire tout le mal possible de son gendre ; mais en face d'une résolution si hardie, elle changea soudainement de façon de voir. Il fallait être patiente, attendre une explication qui pouvait être favorable à M. de Changiron, ne pas perdre sa vie pour un soupçon que rien ne justifiait quant à présent, etc., etc.

La scène fut longue et violente. Mme de Brevise y joua ce rôle, si commun chez certaines mères, d'accueillir de prime abord tout ce qui peut troubler le ménage de leur gendre, et ensuite de reculer devant une rupture qui remettrait à leur garde la fille dont elles sont si heureuses d'être débarrassées.

Camille ne se départit pas de sa dignité de femme outragée ; elle se posait dans des sentiments impérieux de respect pour elle-même qui l'obligeaient à prendre son parti, parce qu'on voulait la forcer à rester chez son mari, comme elle se fût posée dans des sentiments d'amour résigné et de dévouement à son malheur, si sa mère eût voulu l'emmener.

Quant à Gagerot, il nageait en pleine eau de querelles, de suppositions. Il éprouvait une joie indicible et exempte de toute crainte, car il avait dit la vérité, et ce n'était pas sa faute si elle avait amené de si fâcheux résultats.

Cependant la lutte entre Mme de Brevise et sa fille devait se finir. Camille trouva sans doute qu'elle avait assez bien défendu sa position pour qu'on sût à quoi s'en tenir sur la manière digne et haute dont elle considérait ses droits de femme. Elle montra donc un peu de condescendance et accepta une espèce de compromis.

M. Gagerot devait être envoyé à la recherche de M. de Changiron, et surtout à la découverte des motifs de son absence. Du reste, soit par la nécessité de la situation, soit par la tendance de leur esprit, ces trois personnes furent ramenées à chercher le secret de cette absence auprès d'Antonie.

Toutefois, le moyen de découvrir quelque chose de ce côté ne semblait pas facile à trouver, surtout pour Gagerot.

Camille, comme toutes les femmes en général, proposait des moyens héroïques qui lui paraissaient les plus simples du monde.

— Allez tout droit chez M. Torcy, disait-elle à Gagerot, confiez-lui ce qui s'est passé cette nuit, et probablement il vous apprendra le secret de tout ceci.

Mais Gagerot savait, en sa qualité d'homme, quelles pouvaient être les conséquences de cette façon d'agir. Torcy pouvait se fâcher, et Changiron se fâcherait à coup sûr, et il ne se souciait nullement de risquer une querelle sérieuse avec l'un de ces deux hommes, pour fixer les doutes de Mme de Changiron.

Cependant il se gardait bien de dire que ce fût là le motif des prétendues impossibilités qu'il trouvait à tout ce que lui proposait Camille.

La résistance de Gagerot fut si longue et si ferme, que Camille s'imagina qu'il en savait plus qu'il ne voulait en dire, et qu'il ne refusait de prendre des informations que pour n'être pas obligé de parler.

Il ne fallut que deux ou trois minutes à cette pensée pour devenir une vérité pour Camille, et elle termina l'entretien en déclarant qu'elle saurait bien apprendre par elle-même ce qu'elle voulait savoir, sans le secours ou l'intervention de personne.

— Que prétendez-vous donc faire? lui dit sa mère.

— J'irai moi-même où monsieur craint d'aller, et je demanderai à M. de Torcy une explication que j'ai le droit d'attendre et d'exiger de lui.

— Ne faites pas cela, dit Mme de Brevise.

— Ah! reprit Camille, je suis parfaitement décidée, et rien ne m'arrêtera.

— Avez-vous pensé à l'inconvenance d'une pareille démarche?

— Elle sera en tout cas moins inconvenante que la conduite de M. de Changiron.

— C'est vous commettre avec une femme qui est peut-être au-dessous de tout ce que vous pouvez imaginer.

— Ce n'est pas moi qui serai descendue jusque-là, c'est M. de Changiron qui m'y aura fait descendre.

— Mais enfin, vous ne pouvez aller ainsi chez un homme que vous connaissez à peine.

— Chez M. Torcy! dit Camille avec un étonnement dédaigneux, comme si on lui eût dit qu'il était inconvenant qu'elle allât chez son carrossier.

Mme de Brevise savait que sa fille, comme tous les esprit étroits, plaçait ce qu'elle appelait la résolution du caractère dans un entêtement aveugle. Elle n'insista donc point pour dissuader Mme de Changiron de ce qu'elle avait résolu, et elle finit par lui dire :

— Eh bien! soit, Camille; mais vous trouverez bon que je vous accompagne.

— Je vous remercie, dit Camille, cela me prouve que vous n'êtes pas du parti de mon mari, comme j'aurais pu le penser en vous voyant si bien prendre sa défense.

Gagerot la quitta sur cette résolution.

Il avait envie d'aller prévenir Torcy, ou bien de courir après Changiron et de l'avertir de ce qui se passait; mais il y avait danger des deux parts. Enfin, après beaucoup d'hésitation, il se décida à aller chez Lavignan, comme sur un terrain où il pourrait apprendre quelque chose sans avoir l'air de s'être mêlé de rien.

Il prit donc le chemin du quartier Saint-Georges, tandis que Camille s'apprêtait de son côté à se rendre chez Torcy.

XX

ORSQUE Gagerot arriva chez Lavignan, il y avait grande querelle entre l'époux et l'épouse.

L'arrivée de Gagerot, au lieu de la faire cesser, la raviva; car tous deux prétendirent le prendre pour juge de leurs torts respectifs, et chacun recommença « ab ovo » le récit de ses faits et gestes.

— Oui, s'écria Lavignan; c'est une indignité, c'est une conduite de mégère! Que t'avait fait cette pauvre femme?

— Comment! reprit Cornélie, ce qu'elle m'avait fait! une mijaurée, les yeux baissés, la bouche en cœur, les cheveux en bandeaux, une vierge de Raphaël, comme vous l'appelez, qui fait dire qu'elle n'est pas chez elle, et qui reçoit pendant des heures entières un M. Paul Chagoin! C'est joli! c'est moral! et tu veux que je souffre ça?

— Mais qu'est-ce que ça te fait? s'écria Lavignan.

— Ça me fait que je trouve ça superbe, et que je le raconte à qui je veux. Tiens! j'ai bien le droit de parler, ce me semble! D'ailleurs, je ne mens pas. La femme de chambre et la portière sont là pour dire la vérité.

— La femme de chambre et la portière, murmura Lavignan, qui se sentit pris d'une bouffée de dignité; mais, madame, invoquer de pareils témoignages, c'est descendre au rang de ces créatures.

Cornélie prit un air de dignité encore plus élevé que celui de son époux. (Sous la restauration, à l'époque où l'on réimprimait Voltaire et Rousseau avec fureur, si, au milieu des bruyantes plaisanteries des ateliers de l'Académie, l'un de nous lançait quelque gros axiome de morale d'un ton doctoral, nous appelions cela « prendre un air de Jean-Jacques »). Nous pouvons dire que Cornélie prit un air Jean-Jacques, et répondit :

— J'aime mieux une portière et une femme de chambre qui se conduisent bien, qu'une duchesse qui a des tête-à-tête avec le premier venu.

— Mais enfin, qu'y a-t-il? dit Gagerot, qui se souciait fort peu d'entendre les récriminations générales des deux époux, et qui, d'après ce qui avait été dit de Paul Chagoin, voulait en venir aux faits précis.

— Ce qu'il y a? dit Lavignan, c'est qu'il paraît qu'hier soir, pendant l'absence de Torcy, Paul Chagoin a fait une visite à Antonie.

— Pendant qu'elle faisait dire qu'elle n'y était pas, reprit Cornélie.

— Vraiment! fit Gagerot.

— Vraiment, fit Cornélie, c'est comme ça. Mais il y a quelque chose de mieux : c'est que lorsque Manuel est rentré et qu'il a demandé s'il était venu quelqu'un, on lui a répondu qu'il n'était venu personne.

La veille de ce jour, Gagerot eût trouvé cette révélation une bonne fortune; mais, à cette heure, il rattacha cette circonstance à l'étrange rendez-vous qu'on lui avait donné, et il lui passa par la tête que ce ne pouvait être Torcy qui avait voulu l'attirer dans un guet-apens pour le punir de s'être mêlé de tout cela.

Aussi s'écria-t-il avec une anxiété dont lui seul savait le secret :

— Mais qu'a fait Torcy?

— Ah! s'écria Cornélie, il a fait comme tous les imbéciles qui s'amourachent de ces célestes hégueules; il a cru tout ce qu'on lui disait, et il le croirait encore, s'il n'était pas venu ici m'ennuyer avec ses impertinentes leçons.

— Et à quel propos? reprit Gagerot.

— Le voici, dit Lavignan.

Ce matin, Torcy est entré dans mon atelier pour me prier de lui prêter une collection de gravures représentant les costumes des Français depuis des siècles. J'allais les lui donner lorsque Cornélie lui demande d'un ton aigre-doux s'il s'est bien amusé chez M. de Changiron; Torcy lui avait à peine répondu, qu'elle lui commence une morale sur le danger de laisser les femmes seules chez elles. Je n'y comprenais rien, ni Torcy non plus; car il s'imaginait comme moi que ça me regardait. J'en étais si convaincu, que je dis à Cornélie :

— Il paraît que tu t'es bien ennuyée hier soir?

— Ce n'est pas étonnant, reprend-elle : je n'ai pas de vieilles connaissances qui viennent me rendre visite en ton absence. Du reste, à tout prendre, j'aime autant m'en passer que d'avoir des visites comme celles de M. Paul Chagoin.

En ce moment Torcy, qui feuilletait sa collection, se tourna vers Cornélie, le visage tout bouleversé.

— Paul Chagoin! lui dit-il. Il est donc venu?

— Tiens! lui dit Cornélie, vous ne le saviez donc pas? Il a passé la soirée chez vous.

— Ce n'est pas vrai! s'écria Torcy, pâle comme un mort.

— Oui, mon cher monsieur Gagerot, reprit Cornélie, M. Torcy m'a dit en face : Ce n'est pas vrai! et M. Lavignan ne lui a pas donné un soufflet. Voilà un mari qui prétend que sa femme ne sait pas se faire respecter!

— Mais enfin, s'écria Gagerot, qu'est-il arrivé?

— Il est arrivé que Torcy a quitté l'atelier comme un fou furieux, et est redescendu chez lui.

— Et depuis ce temps?... dit Gagerot.

— Depuis ce temps, j'ai empêché Cornélie de sortir d'ici, reprit Lavignan; car elle ne demandait pas mieux que d'aller voir ce qui se passait.

— Et, reprit Gagerot, y a-t-il longtemps que Torcy est redescendu chez lui?

— Deux heures à peu près, répondit Lavignan; mais il n'y est plus, il vient de rentrer dans son atelier.

Quoique Cornélie fût une femme d'une nature vulgaire et brutale, elle était bien loin de cette basse méchanceté qui animait le cœur de Gagerot.

Il détestait Changiron parce que c'était un beau gentilhomme qui valait mieux que lui de toutes façons; il détestait Paul Chagoin, non pas à cause de ses vices, mais parce qu'il était riche, et il détestait Torcy parce qu'il avait un talent supérieur; ce fut donc avec une satisfaction bien sentie qu'il apprit que Chagoin et Torcy étaient sans doute aux prises.

D'après ce qu'il avait vu, Chagoin était certainement mêlé à cela, c'était un conflit où il devait y avoir du malheur pour tous. Gagerot eut un moment d'extrême béatitude.

Il jouissait par avance de ce qui allait probablement arriver, lorsqu'ils entendirent un coup discret frappé à la porte de l'atelier de Torcy, Cornélie ne put résister à sa curiosité et entr'ouvrit la porte de l'atelier de son mari.

— Ce sont deux dames, dit-elle à voix basse.

— Ah! oui, fit Gagerot, qui alla coller son œil sur l'étroite ouverture; ce sont elles.

En effet, c'était Mme de Brevise et sa fille qui venaient chez Torcy.

Mais il est nécessaire de raconter ce qui s'était passé chez lui, pour comprendre la position dans laquelle elles le trouvèrent.

XXI

E matin de ce jour, Manuel semblait avoir oublié toutes ses craintes, et c'était le cœur léger et bien décidé à se livrer avec ardeur au travail qu'il avait entrepris, qu'il était monté chez Lavignan pour voir s'il pourrait s'y procurer quelques matériaux utiles à la fameuse collection de portraits.

De son côté, Antonie, brisée par les scènes de la veille, avait essayé de prolonger son sommeil le plus tard possible, comme si elle sentait que reprendre la pensée et la vie c'était reprendre l'anxiété et la douleur; elle n'était donc pas encore levée lorsque Manuel quitta l'atelier de Lavignan dans un état de fureur indicible.

En rentrant, le premier mot de Manuel fut de demander où était Antonie.

— Madame dort encore, lui dit la femme de chambre.

— Elle dort? murmura Torcy.

En toute autre circonstance, Torcy n'eût pas pensé à interroger cette fille; mais il hésita à entrer immédiatement chez Antonie qui dormait, et le transport dont il était agité éclata malgré lui par cet instant de retard.

Il fit deux ou trois fois le tour de la pièce où il se trouvait, revint à la femme de chambre et lui dit :

— Vous êtes bien sûre, n'est-ce pas, qu'il n'est venu personne hier?

La femme de chambre fut interdite de la question, et surtout de l'air agité de Torcy.

— Dame! monsieur, fit-elle en balbutiant, c'est madame qui m'avait défendu de dire qu'il fût venu quelqu'un.

Torcy fut pris d'un de ces transports de honte qui rendent un homme impitoyable. On l'avait trompé, trompé par l'ordre d'Antonie!

Il était descendu à ce rôle misérable d'un homme qui fait le sujet des moqueries de sa propre maison, de sa domesticité; lui, Manuel, pour qui les propos du monde étaient un supplice, se voir en proie à de si misérables caquets!

Antonie, cette femme qu'il appelait un ange descendu du ciel, que, dans ses heures d'extase, il adorait à genoux comme un être mystérieux, cette idole de sa vie, avait des complicités de fille perdue avec sa servante, et lui achetait sans doute son silence pour recevoir M. Paul Chagoin.

Paul Chagoin! ce nom donnait le suprême cachet de l'ignoble à cette basse tromperie.

Torcy était venu vers Antonie dans un de ces moments d'égarement où on tue la femme qui nous trompe; mais il entra chez Antonie, résolu à la chasser ignominieusement de chez lui.

Le bruit qu'il fit ne l'éveilla pas; il s'approcha du lit où elle reposait.

Son sommeil était agité et pénible, de sourds sanglots s'échappaient de la poitrine d'Antonie, des larmes coulaient de ses yeux fermés : il s'arrêta à la contempler.

Elle murmurait des mots qu'il ne pouvait saisir; enfin elle sembla arriver au paroxysme du rêve affreux qui la tourmentait, car elle se leva convulsivement sur son séant en s'écriant :

— Non, Manuel, non...

En ce moment elle le vit debout près de son lit;

Enfin Torcy parvint à la maîtriser (p. 35).

elle se recula et se frotta les yeux comme pour s'assurer que ce n'était pas la suite de son rêve, et finit par lui dire:

— C'est toi, Manuel?

— Oui, moi qui te regardais dormir.

— Ah! dit-elle, quel rêve affreux!

— Et quel rêve?

— Je rêvais que tu me chassais, parce que... Antonie s'arrêta...

— Parce que?... répéta lentement Manuel en l'interrogeant.

— Je ne sais pas... Je ne me souviens pas, dit-elle, comme si elle craignait de révéler le motif de la colère de Torcy.

— Parce que, reprit-il comme inspiré par le hasard qui faisait si bien concorder sa pensée avec ce rêve, parce que tu me trompes... parce que tu m'as menti... parce que tu es une infâme... parce que...

— Oh! s'écria Antonie, tu m'as entendue; j'ai parlé!

— Non, non, reprit Manuel, je n'ai pas eu besoin d'espionner ton sommeil, d'autres m'ont dit la vérité.

— Oh! c'est lui sans doute, reprit douloureusement Antonie; c'est lui, le misérable?

— Qui, lui? dit Manuel; M. Chagoin?

— Paul Chagoin!

— Non, ce n'est pas lui qui m'a dit que vous l'aviez reçu hier, c'est toute la maison qui le sait.

— Et vous ne l'avez pas vu? dit Antonie.

— Oh! je le verrai!

— Oh non! Manuel, s'écria Antonie en se levant et en tombant aux pieds de Torcy.

— Qui m'en empêchera?

— Je vous en supplie, évitez cet homme, Manuel, au nom de votre amour!

— De mon amour! s'écria Torcy ; ah! c'en est trop. Mais vous ne m'avez donc pas compris. Je sais qu'il est venu hier, qu'il est resté deux heures enfermé avec vous, que vous avez défendu qu'on me le dise; que c'est assez pour que je sache qui vous êtes, ce que je dois de créance à vos protestations, à... Mais vous ne voyez donc pas, reprit-il avec une nouvelle rage, que je sais que vous êtes tout à fait une fille perdue, et que ce Paul Chagoin est...

— Manuel, s'écria Antonie en se relevant avec fierté et en le menaçant d'un regard plein d'orgueil : ah! c'est ainsi?

— Oui, c'est ainsi... et ne recommencez pas vos comédies de douleurs solennelles, d'innocence méconnue, ce peut être bon pour un niais.; mais je n'en veux plus.

Il se passa à cette parole une singulière révolution

dans le cœur d'Antonie. Tout ce qu'elle avait éprouvé d'indignation se fondit en une sorte de pitié douloureuse pour l'homme qui insultait et brisait un amour aussi puissant que celui qu'elle éprouvait pour lui; elle le plaignit d'être assez malheureux pour être devenu si injuste, et elle lui dit d'une voix pleine de larmes :

— Pauvre Manuel!

— Ah! reprit Torcy, dont ce mot ne fit qu'exalter la fureur, assez de ces larmes hypocrites! Je ne suis plus dupe, je ne veux plus l'être... Je vous hais... je vous méprise... je vous...

Il n'osa pas prononcer le mot fatal; il se mit à marcher rapidement dans sa chambre. Pendant ce temps, Antonie s'habilla silencieusement; une robe d'une riche étoffe lui était tombée sous la main, elle la rejeta, choisit une robe de toile et s'en revêtit. Manuel la regarda faire : il laissa échapper un rire sardonique quand elle choisit ce modeste vêtement, et haussa les épaules en disant :

— C'est très drôle!

Antonie jeta sur lui un regard assuré qui le troubla et lui fit honte de sa brutalité; mais comme il se sentit fléchir, il voulut se redonner du courage, et reprit en marchant avec une nouvelle violence :

— M. Paul Chagoin vous en donnera de plus belles...

Antonie baissa la tête.

— D'ailleurs, vous devez connaître par expérience la générosité de M. Paul Chagoin... C'est un charmant jeune homme, plein d'esprit et de cœur, n'est-ce pas, chère...? Comment vous nomme-t-il, ce monsieur? car vous avez un autre nom pour lui que pour moi... Répondez donc, Antonie...

Elle se détourna et continua à se vêtir, en mettant un petit bonnet.

Quant à Torcy, il s'animait sur sa propre colère, exaspéré par ce silence obstiné.

— Antonie! s'écria-t-il... Antonie! le nom de ma mère! je le lui ai donné le nom de ma mère à cette femme! je l'ai profané, je l'ai sali, je l'ai traîné dans la boue!

Antonie tomba sur un fauteuil, pâle, tremblante, mais les yeux secs.

Torcy, qui s'exaltait à chaque mot qu'il prononçait, se tourna vers elle et lui dit d'une voix cruelle :

— Vous le quitterez, ce nom, je vous défends de le porter une heure de plus; je vous le défends, m'entendez-vous... madame?... Mais dites-moi votre nom.

Antonie se leva et marcha vers la porte de la chambre.

— Mais où allez-vous donc? lui dit Manuel en l'arrêtant...

— Je m'en vais, lui dit Antonie.

— Où donc?

— Que vous importe?

— Comment, que m'importe! Je veux le savoir!

Antonie semblait être à bout de ses forces; elle chancela et s'appuya sur un meuble; mais elle surmonta cette faiblesse, et répondit avec fermeté :

— Manuel! vous m'avz chassée!... Je m'en vais...

L'artiste se tordit les mains de désespoir, et, revenant à Antonie, il s'écria avec plus de douleur que de colère :

— Mais dis-moi pourquoi tu m'as trompé! parle-moi?

— Je n'ai rien à vous dire...

— Rien?

— Rien!...

— Eh bien! reprit Manuel, à qui ce mot rendit toute sa fureur, tu ne sortiras pas! Il viendra te chercher ici!... Il parlera, lui!... Je le ferai bien parler!...

Antonie le regarda avec une assurance qui domina un instant ses transports.

— Manuel, lui dit-elle froidement, vous m'avez demandé mon âme, ma vie, mon amour, je vous ai tout donné. En retour de tout cela, je ne vous ai demandé qu'une chose; c'est de ne pas chercher à savoir qui je suis. Manquerez-vous à votre parole?

— Mais vous m'avez trompé! cet homme est venu hier?...

— C'est vrai.

— Eh bien alors...

— Eh bien! pour cela vous me chassez : le châtiment égale bien la faute, ce me semble...

— Mais que voulait-il cet homme? Que t'a-t-il dit? Antonie se tut.

— Quoi! tu ne réponds rien? Elle baisse les yeux pour ne pas le voir...

— Rien reprit-il avec exaspération.

Elle demeura immobile.

— Eh bien donc! allez, allez-vous-en, et que Dieu te punisse d'avoir brisé un cœur qui t'aimait comme je t'aime!

Aux premiers mots de cette phrase, Antonie avait posé la main sur la clef de la porte; mais lorsque Manuel invoqua cet amour qui parlait au milieu de ses plus affreux transports, elle s'arrêta et se tourna vers lui. Il était tombé sur un siège, pressant ses yeux de ses poings fermés, pour contenir ses larmes qui éclataient malgré lui.

Antonie le contempla un moment, et à son tour elle sentit sa résolution faillir en elle-même, et voulant s'arracher à cette horrible situation, elle ouvrit la porte.

Manuel s'élança vers elle, et tombant à ses pieds :

— Antonie! s'écria-t-il, mais je puis te pardonner, si tu veux... Si grandes que soient tes fautes, si honteuses qu'elles soient... je te pardonnerai. Reste, ne t'en va pas... je ne t'ai pas chassée... je ne l'ai pas dit... non, j'étais fou... Antonie, ne t'en va pas!...

A son tour, Antonie éclata en larmes et s'écria :

— Oh! va, Manuel, ce n'est pas toi qui souffre le plus de nous deux!

— Eh bien alors, pourquoi ne pas parler, pourquoi me laisser mes affreux soupçons? Tu m'aimes!... n'est-ce pas que tu m'aimes?... Est-ce que si je te disais que j'ai commis un crime, tu ne m'aimerais plus?...

A cette étrange supposition, Antonie tressaillit comme frappée d'une commotion électrique : elle regarda autour d'elle, comme si elle eût craint qu'une voix sortie de quelque angle obscur de cette chambre ne vînt révéler son secret...

Puis elle ramena ses yeux sur Manuel pleurant à ses pieds; et, poussée par une pensée soudaine, elle lui dit à voix basse, en se penchant vers lui :

— Eh bien! si j'avais tué!...

— Toi! fit-il en se reculant avec épouvante.

— Si j'avais volé!...

— Toi! reprit-il avec un accent encore plus effrayé.

Antonie s'arrêta, et tous deux se regardèrent quelques moments, puis Torcy reprit d'une voix sourde :

— Tué?

— Oui!

— Volé?

— Oui!

Manuel passa ses mains sur son front comme pour s'éveiller d'un songe affreux, puis il reprit :

— Oh! mon Dieu! si c'était cela!

— Tu le crois... s'écria Antonie... Adieu! Manuel... adieu!

— Reste, lui dit Torcy d'un ton sombre, qui que tu sois, je veux l'ignorer toujours. Mais tu m'as sauvé la vie, je t'ai aimée... Ce soir, demain, j'aurai tout préparé pour ton départ...

— Oh! reprit Antonie dont tout le cœur se brisa... il me fait l'aumône comme à un condamné... Dieu! mon Dieu! si vous êtes juste, tuez-moi... je n'ai pas la force de souffrir.

Manuel était tellement atterré par cette étrange supposition, qu'il ne savait pas lui-même ce qu'il éprouvait; il resta immobile à côté d'Antonie, qui se roulait de désespoir sur un divan, sans lui adresser une parole, sans lui porter de secours.

— Elle, elle! murmurait-il tout bas.

Le transport de la douleur d'Antonie se calma peu à peu... elle étouffa dans les coussins qu'elle mordait avec fureur les sanglots qui la suffoquaient, elle comprima les convulsions qui la tordaient et se releva froide et superbe...

Elle alla devant un miroir, répara d'une main assurée le désordre de ses cheveux, rajusta ses vêtements, et alla vers la porte...

— Non, s'écria Manuel.

Antonie courut à la fenêtre.

— Pour mourir, par ici ou par là, peu m'importe! s'écria-t-elle.

Manuel la prit dans ses bras, et alors commença une lutte horrible.

— Oh! s'écriait Antonie devenue folle de douleur, vous êtes un bourreau... laisssez-moi!

Et, dégageant ses bras des étreintes de Manuel, elle cherchait des ciseaux, un couteau, quelque chose pour se tuer, où s'approchait d'un meuble et se frappait la tête à ses angle.

Enfin Torcy parvint à la maîtriser et à la replacer sur le lit, où tout ce transport s'abattit dans un affreux affaissement.

Ce fut pendant cet abattement que Manuel se demanda s'il n'avait pas enfin appris la vérité.

Ce fut alors qu'il chercha à se souvenir des circonstances où il avait trouvé Antonie, de l'époque où il l'avait rencontrée, et ce fut en poursuivant ces pensées qu'il se rappela que, la veille, la date du 5 octobre l'avait frappée d'épouvante. Le 5 octobre! C'était sans doute le 5 octobre que le crime avait été commis, et il y avait un an qu'il l'avait trouvée errante, fugitive, voulant mourir, Tout s'expliquait alors.

Mais ce crime, on avait dû en parler; les journaux les inscrivent avec un soin trop extrême pour que celui d'une jeune fille n'y fût pas inscrit.

Torcy avait une collection de journaux dans son atelier, il était allé les chercher, et c'est pendant qu'il les parcourait que Mme de Changiron et Mme de Brevise s'étaient présentées chez lui.

XXII

Torcy fut très étonné en reconnaissant Mme de Changiron. Au premier moment, il maudit son métier, qui le forçait à accueillir, le sourire sur les lèvres, des importuns qu'il eut volontiers jetés à la porte.

Mais bientôt son étonnement devint encore plus vif, car Mme de Changiron lui apprit le motif de sa visite.

— Pardon, lui avait-il dit, madame; mais je n'ai pu encore m'occuper de votre collection.

— Je le crois, lui avait répondu Camille, aussi n'est-ce pas de cela que je viens vous parler.

— De quoi s'agit-il donc?

— Vous avez vu hier soir M. de Changiron?

Torcy rougit; car cette question lui rappelait pourquoi Changiron était venu chez lui, et qui l'avait poussé à y venir.

— Oui, madame, répondit-il, M. de Changiron s'est alarmé d'une menace de M. Chagoin.

— Ce n'est pas ce dont je veux vous parler.

— Non, reprit Mme de Brevise, qui voulut donner à la demande de sa fille un caractère moins inconvenant, nous n'avons aucun droit ni aucun désir de savoir ce qui a pu se passer chez vous. Mais quand nous vous aurons dit ce qui est arrrivé vous comprendrez les alarmes de ma fille.

Alors elle lui raconta l'histoire de la lettre adressée à Gagerot; comment M. de Chagiron avait été au rendez-vous, et comment il n'avait point reparu depuis ce moment.

Puis elle continua avec un embarras qui prouvait à Torcy qu'elle sentait combien ce qu'elle lui disait pouvait le blesser :

— Avant de faire la moindre démarche près de la police pour savoir si M. de Changiron n'aurait pas été victime d'un guet-apens, nous sommes venues nous informer si cette dame dont on devait lui révéler le nom et qui demeure chez vous, ne pourrait pas nous apprendre le secret de ce rendez-vous.

Au point où en était Manuel, ce n'était déjà plus dans la dignité du secret de sa vie que ces paroles pouvaient l'atteindre.

Après ce que lui avait dit Antonie, il fut atteint d'une autre terreur.

« Si j'avais tué! si j'avais volé! » lui avait-elle dit.

Ce doute l'épouvantait; il expliquait la visite de Paul Chagoin, le secret que lui en avait fait Antonie, qui était peut-être sa complice; et, dans l'obscurité qui planait sur toutes ces circonstances, il se pouvait que ce rendez-vous eût été convenu entre Paul Chagoin et Antonie pour se défaire d'un homme qui savait peut-être le secret.

Ce fut donc avec une nouvelle terreur qu'il écouta

Mme de Brevise, et il ne put si bien cacher le trouble que lui inspira cette nouvelle, que Camille ne crût y trouver la confirmation de ses soupçons.

— Quoi! dit Manuel, on a écrit cela à M. Gagerot, et M. de Changiron n'a pas reparu? Oh! ce doit être un crime affreux!

— Pardon, monsieur Torcy, reprit Camille; mais ma mère s'est mal expliquée, ou vous l'avez mal comprise : ce n'est pas à M. de Changiron que le rendez-vous a été donné, et c'est moi surtout qu'intéressait la révélation du nom de cette dame.

— J'ai parfaitement compris, dit Torcy, c'est M. Gagerot à qui on a donné ce rendez-vous... Et, en effet, continua-t-il comme un homme qui compte ses souvenirs, c'est au nom de M. Gagerot qu'elle s'est troublée... c'est lui qui devait être attendu sur le pont d'Iéna, et peut-être M. de Changiron a été la victime d'une méprise.

Camille et Mme de Brevise se regardèrent d'un air très étonné.

— Que voulez-vous dire? s'écria Camille. M. de Changiron ne connaît donc pas cette personne?

— Non, madame, non; ils se sont vus hier pour la première fois; du moins je dois le croire.

— Vous devez le croire... dit Camille, et quelle preuve en avez-vous?

— Leur mutuelle indifférence en se rencontrant, et surtout, madame, la parole de M. de Changiron qui est un homme d'honneur.

— En êtes-vous là, monsieur, reprit Camille qui, dans sa colère jalouse, voulait absolument voir les choses sous le jour qu'elle leur avait donné, en êtes-vous là, qu'en pareilles matières vous ayez foi en la parole d'un homme?

Le malheureux Torcy flottait entre l'idée d'un crime que lui avaient inspirée les paroles d'Antonie, et ses premiers soupçons sur ce qu'elle avait pu être avant leur rencontre. Mais, de quelque côté que le portassent ses incertitudes, il n'y trouvait que malheur.

Cependant la supposition d'un crime tel que celui auquel il avait cru un moment lui était si odieuse, qu'il se rattacha tout d'un coup à l'accusation de Mme de Changiron, et qu'il lui répondit comme si elle lui eût donné une espérance :

— Croyez-vous, madame, que M. de Changiron m'ait voulu tromper? Ah! fasse le ciel qu'il en soit ainsi!

— Oh! reprit Torcy dans une sorte d'égarement, vous ne me comprenez pas, vous ne pouvez me comprendre. Ah! oui, je veux croire qu'elle a été tout ce que vous pouvez supposer; j'aime mieux cela que de pener à ce qu'elle m'a dit.

— Mais qu'avez-vous donc? dit Mme de Brevise, de plus en plus surprise du trouble de Torcy.

— Rien, madame, fit celui-ci; mais n'y a-t-il personne au monde qui puisse me dire la vérité?

A ce moment, on sonna encore chez Torcy, et on lui annonça la visite de M. Gagerot.

Depuis dix minutes que ces dames étaient chez Torcy, il grillait d'une féroce curiosité de savoir ce qui s'y passait.

Quoi que ce pût être, il devait y avoir malheur pour tout le monde, et ce beau spectacle de gens dont la supériorité était odieuse à Gagerot, souffrant sans doute les uns et les autres de quelque triste découverte, se passait à dix pieds au-dessous de lui, sans qu'il en fût le témoin. Gagerot ne put résister à cette idée, et trouvant un prétexte d'entrer chez Torcy pour lui apprendre le contenu de la lettre anonyme et l'étrange disparition de Changiron, il se sentit le courage de braver la colère de Manuel.

Celui-ci, lorsqu'on lui annonça Gagerot, trouva que le ciel semblait répondre précisément au souhait qu'il venait de former, et Mme de Brevise s'écria :

— Mais, d'après certaines paroles que vous venez de laisser échapper, cette dame se serait troublée au nom de M. Gagerot. Elle le connaît donc? C'est à lui qu'on voulait révéler son nom. Vous vous devez à vous-même, monsieur, de faire cesser cet étrange mystère.

— Oui, dit Torcy, d'une voix lasse et résolue... Il faut en finir. Qu'il entre, qu'il vienne.

On introduisit M. Gagerot, qui joua l'étonnement le plus profond à l'aspect de Mme de Brevise et de sa fille; mais, avant qu'il n'eût pu témoigner cet étonnement par des paroles plus explicites que sa physionomie, Torcy alla vers lui, et lui dit d'une voix sombre :

— Monsieur, monsieur, puisque le hasard vous a mêlé à ma vie, vous qui m'avez si bien appris hier qu'un misérable était entré chez moi, achevez cette confidence... Venez, et dites-moi si vous connaissez cette femme.

En parlant ainsi, il entraînait Gagerot, à qui il fit traverser le salon pour le faire pénétrer dans la chambre d'Antonie qui, encore étendue sur son lit, commençait à sortir de l'effroyable affaissement où Torcy l'avait laissée.

Malgré leurs nobles habitudes de bonne compagnie, Mme de Brevise et sa fille se soulevèrent à moitié de leur siège, pour écouter ce qui allait se passer, et l'on doit penser quel fut leur étonnement lorsqu'elles entendirent le cri véritablement stupéfait que poussa Gagerot.

— Grand Dieu! fit-il en reculant devant cette figure pâle et mourante... Eulalie Pontois!

Cette exclamation était trop extraordinaire pour qu'elle ne dominât pas tout autre sentiment de convenance. Mmes de Brevise et de Changiron entrèrent rapidement dans la chambre en répétant ce nom et en s'écriant :

— Eulalie Pontois!...

Elles regardèrent la pauvre femme, qui se soulevait péniblement sur son lit, et s'écrièrent avec une expression de terreur et d'indignation :

— C'est elle!...

— Qui m'appelle? murmura sourdement Antonie, en ouvrant les yeux et en regardant autour d'elle d'un air égaré.

— Eulalie Pontois! ajouta à son tour Torcy, en cherchant à lire sur le visage de ces dames à quelle honte ce nom répondait.

— Qui m'appelle de ce nom? s'écria tout à coup Antonie, en se précipitant de son lit et en courant, par un dernier instinct de conservation, vers Torcy.

Elle se serra contre lui, puis reportant ses regards sur les personnes qui l'entouraient, elle passa plusieurs fois ses mains sur son front comme pour effacer de devant ses yeux ces apparitions surnaturelles... Torcy lui-même semblait frappé du même vertige...

— Quel est donc ce nom? Qui es-tu, malheureuse? s'écria-t-il.

— Oui, dit Antonie, les voilà tous les trois... oui, c'était le soir... oui...

Elle ferma les yeux et reprit :

— Non, ce n'est pas vrai, je suis folle. Manuel, au secours! au secours! Ce n'est pas vrai, ils ne sont pas là... N'est-ce pas qu'il n'y a personne que nous deux ici?

— Il y a là M. Gagerot, dit Torcy en repoussant Antonie qui voulait se cacher dans ses bras; il y a Mme de Brevise.

Antonie se mit à regarder, et, s'arrachant au rêve qu'elle croyait avoir fait, elle répéta d'une voix basse :

— Oui, Mme de Brevise, M. Gagerot. Que la volonté de Dieu soit faite!

Elle baissa la tête, tandis que Mme de Brevise prenait M. Gagerot à part, et lui disait tout bas :

— Monsieur, vous savez ce que nous avons à faire. Il doit y avoir ici près un commissaire de police.

— Il suffit, madame, dit Gagerot. Je plains M. Torcy; mais le crime est trop grand pour qu'on lui laisse le temps de faire échapper la coupable.

Il sortit rapidement, tandis que Torcy, dont les idées commençaient à se fixer du côté d'un crime, s'écria :

— Mais où va donc M. Gagerot?

— Chercher un magistrat, répondit Mme de Brevise, pour arrêter cette malheureuse, coupable de vol et de meurtre.

Torcy, à cette épouvantable révélation, se recula d'Antonie avec une indicible horreur...

— Elle! s'écria-t-il, Antonie!

— Eulalie Pontois, monsieur, répéta Mme de Brevise. Eulalie Pontois, la fille de l'intendant de Mme de Soubiran, assassinée, il y a eu un an le 5 octobre.

— Le 5 octobre... en effet, dit Torcy en se rappelant encore la terreur que cette date avait inspirée à Antonie... Oh! malheur et malédiction sur toi, misérable, dit Torcy, en se tournant vers Antonie; et je l'ai aimée, et je l'aime encore...

— Et maintenant tout s'explique, reprit Mme de Brevise parlant à sa fille : la lettre écrite à M. Gagerot et où on lui disait que le nom de cette femme vous intéressait. En effet, ne vous a-t-elle pas ravi toute la fortune de votre tante par son crime? Ce crime, elle l'expiera, du moins : et cette fois, elle n'échappera pas à sa condamnation.

— Mais si elle est innocente!... s'écria Torcy, à qui l'image d'Antonie montant sur l'échafaud parut si effroyable qu'il essaya de la défendre.

— C'est ce qu'elle pourra prouver devant ses juges, car dans quelques minutes, elle sera entre les mains des magistrats.

Quant à Antonie, elle s'était lentement remise : une pensée nouvelle sembla s'emparer d'elle, et elle dit à Torcy, avec un calme qui étonna Mme de Brevise elle-même :

— Manuel, je suis coupable... le crime a été commis, et seule j'en dois être accusée. Il faut que la justice humaine ait son cours; celle de Dieu viendra après, je l'espère. Je ne vous demande qu'une chose, Manuel, venez me voir une heure avant ma mort, me le promettez-vous?

Torcy n'eut pas la force de répondre.

Antonie attendit un moment, puis elle reprit après ce silence :

— Soit, mon Dieu, je supporterai l'épreuve jusqu'au bout.

Puis elle s'assit les yeux baissés et la tête haute.

Camille était une femme irréfléchie, jalouse et cruelle, comme toutes les femmes, dans les ressentiments qui blessaient son cœur et sa vanité; mais l'idée d'envoyer à l'échafaud cette jeune et belle victime, si coupable qu'elle pût être, lui répugnait odieusement; l'idée que l'on pût attribuer cette dénonciation au ressentiment d'une avidité déçue et au souvenir de la fortune que le crime d'Eulalie lui avait enlevée, tout cela lui parut horrible, et elle dit à Mme de Brevise :

— Non, ma mère, nous ne pouvons pas, nous ne devons pas poursuivre cette vengeance. Que cette fille s'échappe. Elle le peut. Partez, partez, malheureuse, lui dit Camille, que Dieu seul vous punisse.

— Mais vous oubliez votre mari, dit Mme de Brevise, votre mari qui s'est jeté si imprudemment dans le guet-apens tendu par cette femme et son complice, à M. Gagerot.

— En effet! s'écria Torcy, M. Chagoin, ce misérable, est-il venu hier ici.

— M. Chagoin, s'écria Mme de Brevise; lui seul, en effet, avait intérêt à faire disparaître ce testament, et il est venu chez vous, et il a vu cette femme?... Oh! c'est plus de crimes que je n'eusse osé croire.

Au moment où Mme de Brevise poussait cette exclamation, M. Gagerot arriva accompagné d'un commissaire de police et de ses agents. Eulalie marcha d'elle-même à eux; mais avant de quitter la chambre, elle se tourna vers Torcy et lui dit doucement :

— Pauvre Manuel!

XXIII

UNE voiture de place attendait à la porte; on y fit monter Eulalie qui fut immédiatement conduite en prison.

Cependant, Mme de Brevise et sa fille restaient encore dans une terrible anxiété sur le sort de Changiron qui n'avait pas reparu, et elles se préparaient à retourner à l'hôtel lorsqu'il entra tout à coup en s'écriant :

— Où est-elle?

— Qui cela? dit Mme de Brevise.

— Cette infortunée que vous êtes venue chercher ici?

— Antonie! s'écria Torcy.

— Eulalie Pontois, dit Mme de Brevise.

— Ni Eulalie Pontois, ni Antonie... dit Changiron d'un accent joyeux. Ma sœur, madame.

— Votre sœur, la meurtrière de Mme de Soubiran?

— Sa fille, madame, et la fille de mon père; une

pauvre enfant abandonnée dont je n'ai pas voulu vous dire le secret tant que la malheureuse a été accusée d'un crime; mais elle vit, et je puis vous apprendre son véritable nom, maintenant que j'ai en main la preuve de son innocence.

— Ah! s'écria Torcy, on vient de la livrer à la justice.

— Qui a commis ce crime? s'écria Changiron.

— Moi, monsieur, dit Mme de Brevise, qui dois à la mémoire de Mme de Soubiran de ne pas laisser ce crime impuni.

— Ah! la malheureuse est peut-être perdue maintenant, s'écria Changiron accablé.

Pour comprendre cette nouvelle crainte, il est nécessaire de raconter ce qui était arrivé à Changiron pendant la longue absence de cette nuit et de la matinée qui l'avait suivie.

XXIV

CHANGIRON, quoiqu'il fût brave, résolu et d'une vigueur à ne pas redouter de lutter avec un homme, quel qu'il fût, suivit cependant avec précaution l'inconnu qui le précédait, et ce ne fut pas sans quelque appréhension qu'il s'en approcha au moment où celui-ci s'arrêta au milieu de la longue allée des Champs-Elysées qui longe le quai. Cet homme était armé, un coup de feu tiré par lui pouvait atteindre Changiron au moment où il s'approcherait de lui.

Il arma donc ses pistolets, en se tenant tout prêt à tirer au moindre mouvement douteux. Mais lorsqu'il fut tout à fait aux côtés de l'inconnu, il s'aperçut qu'il avait les mains vides, et celui-ci lui dit:

— Je ne vous ai pas attiré dans un guet-apens, monsieur de Changiron, c'est pour vous rendre service que je suis venu, et je ne veux pas être victime de mon dévouement, car je joue ma liberté et peut-être ma vie, en ce moment.

— Je ne comprends rien à toutes ces phrases mystérieuses, dit Changiron; vous avez écrit à M. Gagerot que vous vouliez lui révéler le nom de la femme qui habite chez M. Torcy; vous lui avez dit que ce nom intéressait vivement Mme de Changiron. Il ne peut intéresser ma femme à aucun titre sans m'intéresser moi-même. Eh bien! maintenant je le saurai de vous de bonne volonté ou par force.

— Vous pourrez me tuer si cela vous convient, dit l'inconnu; mais je ne sais pas comment un homme d'honneur excusera un assassinat pareil, commis parce qu'un inconnu ne veut pas lui dire un secret destiné à un autre; ce n'est pas moi qui vous ai fait venir.

— Je ne vous tuerai pas, monsieur, mais je suis le maître de vous, je puis vous livrer à la justice, et vous répondrez alors.

— Cela ne me sera pas difficile : je dirai à la justice ce que j'avais promis de dire à M. Gagerot, je lui dirai le nom de la femme qui habite chez M. Torcy. Sulement, en me forçant à agir ainsi, vous enverrez une jeune fille à l'échafaud.

— Une jeune fille à l'échafaud? s'écria Changiron

avec un étrange effroi. Et vous dites que le nom de cette femme intéresse Mme de Changiron... Serait-ce l'infortunée?... Mais non, reprit-il après un moment de silence, elle est morte.

L'inconnu ne répondit pas d'abord, mais il reprit bientôt après :

— Voulez-vous m'écouter un moment sans m'interrompre? Je ne suis pas un très habile diplomate, monsieur; aussi avais-je fait un petit discours pour raconter mon affaire à M. Gagerot.

M. Gagerot, ou je ne connais pas mon homme, n'est pas d'un courage à faire le rodomont vis-à-vis d'un pistolet tourné contre sa poitrine. Je comptais prendre avec lui cette précaution oratoire, et puis lui dire mon affaire. Mais c'est une chose inutile envers vous, et je vais vous dire tout droit ce que je veux.

— Voyons, lui dit Changiron.

— D'abord, dit l'inconnu, je veux trente mille francs.

— Misérable! dit Changiron en se reculant d'un pas et en lui présentant un de ses pistolets.

— Soit, dit l'inconnu, je ne veux rien, mais alors vous n'aurez rien.

— Et qu'as-tu à m'offrir?

— Quelque chose qui vaut mieux que ça, dit l'inconnu, quelque chose qui vaut, pour vous, cent mille francs de rente comme un liard...

— Hein? fit Changiron.

— Mais enfin, dit l'inconnu, j'ai fait mon prix, il n'est plus question de ce que cela peut valoir?

— Et qu'est-ce que c'est?

— Vous le dire, ce serait, sinon vous le livrer, mais vous donner une arme contre moi, et je ne suis pas encore aussi niais que cela.

— Mais enfin, si M. Gagerot fût venu ici, la position eût été absolument la même?

— Pas du tout, car, au lieu d'être à votre merci, j'aurais tenu M. Gagerot, à la mienne, et si ma confidence eût été mal reçue...

— Tu aurais pu le tuer?...

— Que Dieu m'écrase si j'en avais la moindre envie; mais j'aurais pu décamper, et alors j'aurais été chercher un meilleur chaland.

— En voilà assez, explique-toi, misérable! s'écria Changiron, car à la façon dont tu allonges cet entretien, je commence à croire que tu attends ici des complices qui doivent t'aider à te débarrasser de moi.

Songez donc que c'est M. Gagerot que j'attendais.

— Eh bien! parle donc.

— A une seule condition.

— Laquelle?

— Donnez-moi votre parole d'honneur que, si le marché que je vous propose ne vous va pas, vous ne direz à personne ce que je vais vous dire.

— Soi, je te donne ma parole.

— Encore une : jurez-moi que s'il vous va, vous me remettrez ce matin même les trente mille francs et que j'aurai quarante-huit heures pour quitter la Franse si l'affaire en question se poursuivait en justice. Mais après tout, murmura l'inconnu, je n'ai point trempé dans le crime, et tenez, quoi qu'il arrive, il est temps que la vérité se sache. On m'a manqué de parole d'un côté, et si vous deviez faire comme les autres, du moins je serais vengé.

— Je t'ai donné ma parole et je n'y manquerai pas.

— Eh bien! monsieur, écoutez-moi bien, le testament de Mme de Soubiran existe.

— Est-ce possible! dit Changiron.

— C'est sûr.

— La malheureuse qui a tué Mme de Soubiran ne l'a donc pas anéanti?

— La malheureuse Eulalie Pontois, monsieur, est innocente de la mort de Mme de Soubiran comme vous, je dois le croire du moins.

— Ah! s'écria Chagiron avec un transport qui étonna fort l'inconnu, prouve-moi cela, prouve-le-moi, et ce n'est pas trente mille francs, c'est cent mille francs que je te donnerai.

— Je crois qu'il lui sera facile de vous le prouver, monsieur, dit l'inconnu, ravi de la tournure que prenait cette affaire, car elle vit, car c'est elle qui est chez M. Torcy.

— Eulalie, s'écria Changiron, elle... Ah! j'aurais dû la reconnaître à tant de beauté... Oui, c'est bien le regard, le front calme et élevé de mon père... Mais j'étais si loin de cette pensée quand Torcy m'interrogeait! Et tu es sûr qu'elle est innocente?...

— Elle doit l'être, elle l'est; mais voudra-t-elle dire la vérité?

— Mais quelle est cette vérité?

La voici, monsieur le marquis, et songez que je suis le seul qui puisse au besoin l'attester. D'abord, et vous êtes trop intéressé dans cette affaire pour que vous ne vous rappeliez pas mon nom, je m'appelle Vaudrillan.

— Vaudrillan! dit Changiron, c'est toi qui as été mis en prévention pour le meurtre de Mme de Soubiran et qui es parvenu à prouver un alibi.

— Très réel, monsieur le marquis, ce qui fait que je ne puis guère faire que des suppositions sur l'innocence de Mlle Eulalie, parce qu'à vrai dire, je ne sais pas comment ça s'est passé dans le château. Mais voici comment l'affaire avait été arrangée. Vous savez que j'ai été au service de M. Chagoin...

— Oui, cela a été même une des raisons qui ont dirigé d'abord les soupçons contre toi.

— Eh bien, monsieur le marquis, lorsque je suis entré au service de Mme de Soubiran, mon ancien maître, M. Paul Chagoin était non seulement ruiné de tout ce qu'il avait, mais encore il avait fièrement entamé ce qu'il pourrait avoir. Bref, il devait trois cent mille francs au sieur Benoît Mortiff, qui menaçait sans cesse de le faire mettre à Sainte-Pélagie.

— Cela ne m'étonne pas, dit Changiron, continue.

— Benoît Mortiff, reprit Vaudrillan, n'avait donc d'autre garantie de sa créance que l'héritage futur de Mme de Soubiran; mais les mauvaises dispositions de la tante et puis, je peux bien vous le dire, monsieur le marquis, les cajoleries de Mme votre belle-mère rendaient le gage bien chanceux. Il fut donc conclu entre M. Benoît Mortiff et M. Chagoin qu'il fallait le rendre meilleur, et pour cela il suffisait que la bonne dame mourût sans faire de testament.

« Or, c'est moi, monsieur, qu'on dépêcha chez elle pour m'assurer de ses intentions.

— Toi, employé à la garde des bois et qu'elle a vu peut-être quatre fois au plus durant le temps que tu étais chez elle?

— Moi, monsieur le marquis, moi qui ne suis pas assez bête pour aller parler de choses de cette importance à ma maîtresse qui déjà n'était pas si charmée d'avoir chez elle un ancien domestique de son scélérat de neveu, car M. Chagoin est un scélérat. Mais quand on ne peut pas arriver tout droit, on prend les chemins de traverse, et ce n'est pas auprès de Mme de Soubiran que j'étais expédié, mais auprès du père Pontois, et avec la mission de lui promettre une bonne somme si la vieille Mme de Soubiran mourait sans faire de testament. Mais, dès la première parole qui en fut dite, le père Pontois branla la tête, en disant : « Elle est trop montée contre M. Chagoin d'une part, et trop bien conseillée de l'autre pour ne pas faire de testament. Peine perdue de prendre ce chemin-là ».

« Je fis part de l'obstacle à M. Chagoin, lequel ne me répondit pas; mais huit jours après on me vint avertir qu'un étranger désirait me parler : c'était M. Benoît Mortiff qui venait pour arranger l'affaire. Il ne s'agissait plus, comme bien vous pensez, d'empêcher le testament; mais de l'enlever quand il serait fait. Les conditions furent ainsi réglées : le père Pontois devait le soustraire et me le remettre, moyennant quoi il lui serait donné cinquante mille francs et à moi trente mille par M. Chagoin.

« C'était très bien; mais le père Pontois était trop malin en affaires pour se fier à une promesse de M. Chagoin, qui de son côté ne voulait rien écrire... ce qui est assez simple : le père Pontois exigea que les cinquante mille francs lui fussent remis contre le testament. Là était la difficulté, car M. Chagoin n'avait plus le sou il fut convenu que ce serait M. Benoît Mortiff qui avancerait la somme, et ça, pour rentrer plus tard dans les trois cent mille francs que lui devait M. Chagoin. Vous comprenez bien ça, monsieur; c'est que voici où gît le lièvre. M. Benoît n'entendit de cette oreille-là qu'à une condition : c'est que ce serait à lui qu'on remettrait le testament, de façon à ce qu'il tînt M. Chagoin en bride.

« Maintenant voici comment ça se passa :

« M. Benoît retourna à Paris et on n'en entendit plus parler dans le pays, si même on sut qu'il y était venu. Au bout d'un certain temps, un mot convenu fut envoyé par moi à Paris, et M. Benoît arriva au milieu de la nuit dans ma maison de garde où j'étais seul et où il ne venait jamais personne. Il n'en sortit pas plus que son cheval, que j'avais mis dans un hangar et qui nous fit plus d'une peur, car nous ne pouvions tenir le maudit animal tranquille. Enfin le jour où le médecin déclara qu'il n'y avait plus d'espoir, ce jour fut pris pour enlever le testament. Si quelqu'un pouvait jamais être soupçonné, vous comprenez, monsieur, que c'était moi; c'est pourquoi je quittai ma maison le jour de l'expédition et j'allai passer la nuit à la noce.

— Quel horrible complot! fit Changiron. Et vous avez consenti à l'assassinat de Mme de Soubiran?

— Non, sur mon âme, non, monsieur, dit Vaudrillan, ce n'était pas mon intention. D'après ce que nous avait dit Pontois, Mme de Soubiran ne pouvait pas passer la nuit, et lui-même le croyait, sans doute. Du reste, les précautions étaient bien prises; il avait mêlé de l'opium au café que Marthe et sa fille devaient prendre, et il espérait sans doute que Mme de Soubiran serait expirée, ou dans un tel état d'accablement, qu'elle ne s'apercevrait pas de la soustraction. Mais probablement il fut entendu et reconnu par Mme de Soubiran. Il n'avait plus à choisir : il la tua, et remit le testament à Benoît qui l'attendait à l'extrémité de l'allée.

— Ainsi, reprit Changiron, ce serait pour sauver son père du supplice que cette noble enfant se serait ainsi dévouée...

— Ici, monsieur, je ne fais qu'une supposition, car je n'ai jamais pu obtenir un mot d'explication sur ce qui s'était passé; toutes les fois que j'en ai parlé à Pontois et que je lui ai demandé si sa fille l'avait aidé, il m'a fait taire, en me disant :

— Tais-toi, c'est un secret entre elle et la mort.

— Oh! ce doute peut rester encore contre elle, dit Changiron avec épouvante.

— Et peut-être suffirait-il à la faire condamner, si, comme M. Chagoin l'en a menacée, il veut la livrer à la justice.

— Chagoin, le misérable qui a profité du crime... Mais contre lequel, hélas! reprit Changiron, il ne reste d'autre preuve que ton témoignage.

— Il y en a un autre, c'est le testament.

— Comment, le testament?

— Oui-dà, monsieur, le testament que Benoît n'a pas voulu rendre à M. Chagoin avant que ce lui-ci ne lui eût payé ce qu'il devait; le testament, monsieur, qui, depuis que Benoît est payé, lui sert encore à tirer d'assez bonnes sommes de M. Chagoin, si bien que M. Paul est venu me proposer, à moi qui vous parle, d'assassiner Benoît Mortilf, de lui voler le fatal testament, après quoi il me donnera les trente mille francs que je vous ai demandés.

— J'en sais assez, repartit Changiron; mais ce n'est pas ainsi que cette affaire doit finir, tu vas me suivre chez un magistrat.

— Est-ce là la parole que vous m'avez donnée?.. s'écria Vaudrillan épouvanté.

— Je t'ai promis de te sauver et de t'enrichir, je te tiendrai parole. Mais tu ne me quitteras plus que je n'aie puni cet homme et sauvé l'infortunée qui s'est dévouée.

Vaudrillan, tremblant, suivit Changiron qui le conduisit chez un de ses amis, où il le laissa enfermé sous sa surveillance, en lui recommandant de ne le laisser échapper à aucun prix.

XXV

CHANGIRON se rendit chez un avocat et lui fit part de ses projets. Celui-ci ne lui cacha pas que la découverte qu'il venait de faire pourrait bien lui rendre la fortune de sa femme, mais qu'il ne suffirait pas de ce que dirait Vaudrillan pour prouver qu'Eulalie Pontois n'eût pas aidé à son père à commettre son crime, et que toutes les circonstances de l'assassinat n'en restaient pas moins entières. Il en pouvait certes résulter qu'Eulalie avait agi par ordre et sur la menace même de son père, mais elle avait agi d'une façon ou d'autre.

— C'est impossible, lui dit Changiron, elle est innocente.

— C'est ce que les juges décideront, dit l'avocat; mais si l'existence de cette infortunée est dénoncée d'une façon ou d'autre à la justice, il sera impossible de ne pas la mettre en cause.

Quoique moralement sûr de l'innocence d'Eulalie, Changiron s'épouvantait de cet éclat, et surtout de ce qui restait d'inexplicable dans le fait lui-même de l'assassinat dont Eulalie avait dû être le témoin, et dont elle n'avait pas arrêté l'exécution.

Il hésita longtemps devant cette cruelle perspective; mais l'idée que Chagoin pouvait dénoncer Eulalie le décida, et, d'après le conseil de l'avocat, il suivit la marche suivante :

Changiron, accompagné de son avocat, se rendit chez son ami, lui expliqua qu'il avait besoin de son assistance, et tous les quatre allèrent immédiatement chez M. Benoît. C'était un homme encore jeune, chauve, maigre, usé, l'œil creux et actif, et qui ne paraissait pas de ces gens qu'on intimide facilement. Changiron et l'avocat entrèrent seuls, Vaudrillan et l'ami de Changiron restèrent à la porte dans un fiacre.

L'avocat seul se fit annoncer par son nom, et ils entrèrent chez l'usurier qui les reçut comme des gens avec qui il espérait conclure quelque bonne affaire.

— Monsieur, lui dit Changiron, je viens de la part d'un de vos clients, M. Paul Chagoin.

A ce nom, l'usurier fronça les sourcils, et, par un mouvement involontaire, il poussa le profond tiroir d'un bureau, où l'on pouvait voir un épais portefeuille. Changiron se mit à rire, et reprit :

— Ne vous alarmez pas à ce point, monsieur, ce n'est pas un emprunt que nous venons vous faire, c'est de l'argent que nous venons vous offrir.

— A moi, monsieur! dit Benoît dont cette nouvelle ne dérida point le front soupçonneux.

— Oui, monsieur, à vous, et comme bien vous le pensez, ce n'est que pour vous demander en retour un service que vous seul pouvez nous rendre.

— De quoi s'agit-il, messieurs? dit l'usurier.

— C'est tout simplement de nous restituer, moyennant telle somme que vous allez fixer, et qui vous sera comptée à l'instant, le testament de Mme de Soubiran, que vous retenez indûment en vos mains.

— Qu'est-ce que c'est que Mme de Soubiran, messieurs? dit l'usurier d'un air indigné, qu'est-ce que vous me parlez de testament?

— Je parle de ce testament qui vous a été remis au bout de la grande avenue du château de madame de Soubiran; ce testament, vous savez, pour lequel vous avez vous-même remis cinquante mille francs à Pontois : ce même testament que vous avez attendu pendant huit jours chez le garde Vaudrillan.

L'accumulation de toutes ces circonstances écrasa l'usurier; mais après un premier moment de surprise, il reprit son audace, et s'écria en se levant :

— Ah ça, est-ce un guet-apens? qu'est-ce que

c'est que des gens qui s'introduisent ici sans aveu, qui vont menacer un citoyen dans sa maison?.. Messieurs, prenez garde, je puis appeler.

— Alors vous nous dispenserez de ce soin, car, si vous vouliez bien regarder par la fenêtre, vous verrez dans la rue un fiacre arrêté à la porte. M. le commissaire de police y est pour vous comme pour nous, et qu'il monte sur votre invitation ou sur la nôtre, c'est absolument la même chose.

— Un commissaire de police, reprit l'usurier devenu moins intrépide, pourquoi faire?

— Pour procéder à une saisie immédiate de tous vos papiers, vous mettre en état d'arrestation, afin que vous ne puissiez détruire le testament, si la fantaisie vous en prenait, et si vous ne vouliez pas nous le rendre de bonne volonté.

— Je n'ai jamais eu ce testament en ma possession, messieurs, et vous pouvez faire monter le commissaire de police, si cela vous convient.

— Allez donc le chercher, dit Changiron, à l'avocat, puisque monsieur ne veut pas être raisonnable.

L'usurier laissa sortir l'avocat, et lui laissa traverser l'antichambre; alors Changiron eut un moment la pensée que Vaudrillan avait menti, ou que Chagoin avait enfin rattrapé le testament, ou que Benoît l'avait anéanti. Mais lorsque celui-ci entendit l'avocat ouvrir la porte du salon, il se jeta vivement dans l'antichambre, et s'écria :

— Un moment, monsieur; que diable! il faut donner aux gens le temps de s'expliquer.

L'usurier venait de se trahir, et Changiron fut sûr alors d'en avoir bon marché.

— Je connais le nom de monsieur, dit Benoît en désignant l'avocat; mais vous, qui êtes-vous!

— Je suis l'ami de M. Paul Chagoin, son parent, à qui lui-même, et pour des raisons que vous approuverez tout à l'heure, il a dit que vous aviez encore ce testament.

— Tout cela ne me dit pas votre nom.

— Je suis le marquis de Changiron, le mari de Mlle de Brévise, que ce testament instituait unique héritière de Mme de Soubiran.

— Vous mentez, monsieur! s'écria l'usurier : M. Chagoin n'a pu vous dire cela, car mademoiselle de Brévise n'est pas l'unique héritière.

— Bah! lui dit l'avocat, vous avez donc lu ce testament!

Ces sortes d'aveux, échappés à l'emportement de la passion, ont l'air souvent d'une invention du romancier, invention qui lui vient en aide et qui lui sauve des combinaisons habiles; mais comme, dans cette histoire, je ne suis que le narrateur exact d'un fait, il faut que je respecte la vérité; et d'ailleurs les nombreux procès criminels que les gazettes des tribunaux racontent chaque jour au public sont trop souvent pleins de ces imprudences échappées aux plus adroits fripons, pour qu'il faille s'étonner que celui-ci, pris tout à coup à l'improviste, se voyant entre les mains de gens d'ailleurs si bien renseignés, laissât échapper cet aveu si significatif.

A la remarque de l'avocat, il essaya de se récrier, de balbutier quelques explications; mais Changiron reprit d'un ton impérieux :

— Monsieur, vous n'ignorez pas que M. Paul Chagoin est mon parent, puisqu'il est le cousin de ma femme. Il ne convient pas à ma famille de faire un esclandre dont la honte rejaillirait jusqu'à un certain point sur elle. Voilà pourquoi je suis monté avant les magistrats pour étouffer cette affaire. Mais à l'heure qu'il est, monsieur, je n'offre plus de compensation, j'exige immédiatement le testament. Vous êtes plus, beaucoup plus que remboursé. Je sais tout, la police est en bas. Ce testament à l'instant, ou j'appelle : vous savez, monsieur, ce qui peut résulter pour vous de la découverte de cette pièce importante entre vos mains. Dépêchons; voici monsieur dont le nom vous est une garantie, qui vous affirmera que, si vous consentez, nulle poursuite ne sera dirigée contre vous.

— Mais, dit Benoît, vous avez parlé d'une somme que je pourrais fixer moi-même.

— Je l'ai dit, fit Changiron; soit.

— Eh bien! monsieur le marquis, deux cent mille francs.

— Allez chercher ces messieurs, dit Changiron.

— Cent mille francs, dit Benoît.

— Mais allez donc chercher ces messieurs.

— Cinquante mille.

— Allons donc!

— Eh bien! monsieur le marquis, vingt-cinq mille... dix mille.

— Dix mille, soit, dit Changiron; je ne recule pas à retirer ma parole pour si peu de chose.

Benoît ouvrit son vaste tiroir, et chercha longtemps, pendant que Changiron et l'avocat le surveillaient.

— Je ne trouve pas... je l'ai égaré...

— Je crois, dit Changiron, que ces messieurs seront plus habiles... Finissons.

— Le voici, dit Benoît qui le convoitait d'un air de regret... Voyons, monsieur, vos vingt mille francs.

— Je vous donne ma parole pour dix mille.

— Voilà tout! dit l'usurier en serrant le testament avec rage.

— Voilà tout, dit Changiron.

— Eh bien! vous ne l'aurez pas, dit Benoît Mortiff en s'apprêtant à le déchirer.

Changiron saisit sa main et cria :

— Ouvrez la fenêtre et appelez...

Benoît lâcha le testament, et tomba en pleurant sur un fauteuil.

— Donnerez-vous les dix mille francs à ce misérable? dit l'avocat.

— Je les ai promis : il les aura.

Il écrivit un mot sur un papier, et le remit à Benoît, qui s'en saisit et l'examina.

— Monsieur, lui dit-il, Benoît s'écrit par un é; il faut que l'ordre soit identique à l'acquit.

Changiron mit l'accent sur l'é de Benoît, et il sortit en disant à l'avocat :

— Notre affaire est terminée maintenant.

Cette expédition achevée, ils se transportèrent chez M. Paul Chagoin, qu'ils trouvèrent dans une robe de chambre de damas, en pantoufles de velours, et couché sur un divan, fumant un cigare. Lorsqu'on lui annonça Changiron, son ami, il alla au-devant de lui avec ces bruyantes démonstrations de mauvais goût qu'il prenait pour des allures de gentilhomme.

— Eh! bonjour, cher, lui dit-il; comment, déjà en course, en visite, et chez moi? mais c'est charmant; vous veniez me demander à déjeuner?

— Je viens vous dire, répartit Changiron, que vous êtes un fripon.

A ce mot si nettement articulé, et qui entrait en matière d'une façon si péremptoire, Chagoin devint pâle, non de crainte (cet homme était au-dessus de la crainte d'un autre homme), mais de colère, et il jeta autour de lui un regard furieux, comme pour chercher une arme; puis, s'élançant vers un faisceau suspendu au mur, il y prit au hasard un yatagan, et revint sur Changiron comme une bête féroce.

Changiron saisit son bras, et, le désarmant d'un coup de poignet, il le repoussa lui-même à l'extrémité de son salon et lui dit froidement :

— Monsieur Chagoin, je vous laisse ce jour pour prendre un passe-port et quitter la France. On vous remettra cent mille francs à Londres et la valeur de votre mobilier.

— Qu'est-ce à dire? s'écria Chagoin; suis-je ici avec des fous?

— Je n'ai pas autre chose à vous dire ici, répartit Changiron; pour que vous me compreniez mieux, je sors de chez M. Benoît Mortiff, et j'ai en bas dans ma voiture, Vaudrillan et des agents de police.

Chagoin se tut, et demeura un moment incertain; puis il dit :

— Je ne connais ni Benoît ni Vaudrillan.

— Vous connaissez peut-être le testament de ma tante. S'il y en a un, il y sera fait droit, et je rendrai les biens que je croyais légitimement m'appartenir.

Mais vous êtes venu chez moi, vous m'avez insulté, monsieur le marquis de Changiron, et vous m'en rendrez raison.

— Allons donc, monsieur, lui dit Changiron, vous voulez mourir comme un homme d'honneur; vous ne le méritez pas. Je vous ai dit que vous étiez un fripon; n'oubliez pas que vous pouvez être considéré comme complice d'un assassinat.

— Vous m'y faites songer, monsieur, répliqua Chagoin, et il faut que cet assassinat soit puni; la coupable existe.

— Vous voulez dire l'accusatrice, monsieur, dit Changiron.

— En vérité! fit Chagoin, c'est ce que nous verrons.

— Le témoignage de Vaudrillan vous accable.

— C'est un homme que vous avez acheté.

— La déposition d'Eulalie sera formelle.

— Elle aura assez de se défendre, toute votre sœur qu'elle est.

— D'où le savez-vous?

— Je vous l'apprendrai.

— Adieu donc, monsieur, fit Changiron, j'ai voulu vous épargner la honte d'une condamnation, vous la voulez, je vous la promets.

— Et pour quel crime?

— Vous le saurez.

J'attendrai, dit Chagoin.

XXVI

E fut ainsi que Changiron sortit de chez Chagoin, et ce ne fut qu'à ce moment qu'il pensa à prendre lecture du testament. Cette lecture lui expliqua comment Chagoin avait pu connaître la naissance d'Eulalie.

Le testament, lui-même, partageait les biens de madame de Soubiran en portions égales, l'une pour mademoiselle de Brevise, l'autre pour Eulalie. A ce testament était jointe une lettre à l'adresse d'Eulalie, lettre encore enfermée dans son enveloppe, mais dont le cachet avait été brisé. C'est dans cette lettre que madame de Soubiran apprenait à Eulalie qu'elle était sa fille et celle de M. de Changiron. Elle lui expliquait comment, pour cacher cette naissance, elle avait fait remettre son enfant à Pontois avec une forte somme d'argent, à la charge de la faire passer comme lui appartenant. La pauvre femme racontait comment elle n'avait jamais osé braver l'orgueilleuse indignation de la famille de son mari, même depuis la mort de celui-ci, demandait pardon à sa fille de ne pas lui avoir révélé ce secret, et finissait en lui conseillant de se confier à Changiron, son frère, comme le cœur le plus noble qu'elle connût.

Ce fut armé de ces renseignements, que Changiron arriva chez Torcy, au moment même où Eulalie venait d'être emmenée en prison.

XXVII

ULALIE avait été déposée dans une chambre particulière de la geôle, grâce à une dernière précaution de Gagerot qui, prévoyant que ceci finirait peut-être autrement que cela ne semblait devoir être, avait pensé que ce bon soin lui serait compté par Torcy, dans le cas où celui-ci voudrait se fâcher de la part que lui, Gagerot, avait prise à cette affaire.

Depuis que sa position était décidée, depuis qu'Eulalie se voyait accusée comme coupable de la mort de madame de Soubiran, elle était redevenue calme. Son âme s'était exaltée à l'idée de ce martyre qu'elle allait subir pour sauver l'honneur de son père, et comme il arrive aux cœurs généreux, elle trouvait un extrême courage dans son extrême infortune. Elle attendit donc sans crainte le moment d'être interrogée, bien décidée à achever le sacrifice qu'elle n'avait pu accomplir avant ce jour-là, en préférant la mort à l'horreur d'accuser celui qu'elle croyait son père.

La journée entière se passa sans qu'elle entendît parler de quoi que ce soit, et ce courage qui l'avait d'abord si fièrement soutenue, sembla tomber avec le jour; la nuit lui apporta cette horrible solitude des ténèbres qui se peuplent de visions si étranges; il lui semblait voir madame de Soubiran expirante, son père qui la regardait d'un œil ardent, le poignard levé sur elle; puis c'était Torcy qui lui apparaissait pâle, le regard et le sourire pleins de mépris, puis madame Lavignan la poursuivant d'injures grossières, et enfin la multitude avide de la voir et de l'insulter; et partout c'était le visage de Chagoin qui lui apparaissait implacable et menaçant.

Cette nuit fut horrible, et ce ne fut qu'avec le jour qu'elle reprit un peu de cette résolution puissante de la veille. Mais depuis quelques jours trop

toire, et se décida à se déclarer coupable dès les premiers mots.

Le juge se plaça devant elle comme pour bien examiner chaque mouvement de sa physionomie, et lui dit :

— Vous êtes Eulalie Pontois?

— Oui, monsieur.

— Vous savez de quel crime vous êtes accusée?

— Je le sais et je l'avoue.

— Ecrivez, dit le juge au greffier. Cet aveu vous sera compté, reprit-il, mais il faudrait le compléter en nous disant le nom de vos complices?

— Je n'en ai point, dit Eulalie.

— L'homme à qui le testament a été remis?

— C'est vrai, dit Eulalie, j'oubliais.

— Quel est cet homme?

— Je ne le connais point.

— Qui vous a poussée à ce crime?

— Personne.

EULALIE. — *Et vous avez osé tuer votre bienfaiteur?* (p. 43).

de secousses violentes avaient agité l'infortunée pour que sa santé, déjà altérée par l'incessante anxiété de sa position, résistât à l'effroyable catastrophe qui l'avait frappée.

Lorsqu'elle voulut quitter, le matin, le grabat sur lequel s'était agité son horrible sommeil, elle fut incapable de se lever, et il fallut appeler un médecin. Elle répondit à ses questions, et lorsqu'il fut parti, elle dit au geôlier :

— Dieu, sans doute, me fera la grâce de m'appeler à lui avant de me faire subir les plus cruelles épreuves; j'espère que je serai bientôt morte, je voudrais avoir un prêtre.

Le geôlier lui promit de faire venir l'aumônier de la prison. Et une heure s'était à peine écoulée que l'on tira les verrous de la prison et qu'il entra quelqu'un; mais ce n'était pas un prêtre, c'était un juge accompagné d'un greffier.

Cet aspect rendit à Eulalie une partie de son courage; mais elle sentit qu'elle n'aurait pas la force de résister à la torture d'un long interroga-

— On ne commet pas un crime sans un intérêt quelconque.

— Eh bien, monsieur, je trouvais qu'il était injuste que l'on dépouillât l'héritier légitime au profit d'une famille qui avait toujours accablé madame de Soubiran de mépris.

— Vous saviez donc ce que contenait le testament? vous saviez donc que madame de Soubiran déshéritait son neveu au profit de mademoiselle de Brevise?

— Je le savais, dit Eulalie, qui crut ainsi donner une raison qui expliquerait sa conduite.

— Comment, lui dit le juge, vous connaissiez le testament, et vous avez renoncé, par haine contre madame de Brevise que vous connaissiez à peine, à la moitié de la fortune de madame de Soubiran, que ce testament vous assurait?

— A moi! s'écria Eulalie en se soulevant dans une sorte de délire; ô ma noble et sainte bienfaitrice! du ciel où vous êtes, voyez ma reconnaissance!

— Et vous avez osé tuer votre bienfaitrice?

— Moi... qui dit cela? s'écria Eulalie avec terreur.

— Vous-même, lui repartit froidement le juge.

— C'est vrai, repartit Eulalie en se laissant retomber sur son lit... c'est moi.

Mais, comme si cette pensée l'eût épouvantée, elle reprit :

— Mais non... ce n'est pas moi...

— Qui donc?

Eulalie se tut.

A ce moment, le juge sembla se recueillir et attendit un moment, puis il reprit :

Ce testament est retrouvé, les complices du crime sont connus, et, parmi ces complices, il en est qui vous accusent.

— Qui cela? reprit Eulalie, enfant inspirée qui voulait jouer un rôle plus fort qu'elle ne le pouvait, et qui, fière de s'accuser, forte pour supporter l'infamie qu'elle s'infligeait, se révoltait à l'idée qu'un autre vînt la lui jeter à la face.

— Qui donc? répéta-t-elle.

— M. Paul Chagoin.

— Lui! le misérable, lui qui a égaré mon père!...

— Votre père? lui dit le juge.

— Ah! s'écria Eulalie, par grâce, par pitié, laissez-moi... Je suis folle, mon père est innocent, je suis coupable, il n'y a que moi de coupable.

A ces mots, une voix sortie de derrière la porte demeurée entr'ouverte, s'écria avec des sanglots :

— Assez!... assez! vous allez la tuer... vous voyez bien qu'elle est mourante. Et Changiron se présenta dans la chambre, tandis que le juge disait sévèrement :

— Monsieur le marquis, ce n'est pas là ce que vous m'aviez promis. Cette jeune fille refuse d'accuser son père, je le vois; mais je ne vois pas qu'elle n'ait pas été sa complice.

— Dites-lui donc que cet infâme n'était pas son père, s'écria Changiron, et alors elle vous dira toute la vérité.

— Quoi! s'écria Eulalie, mon père...

— Il ne l'était pas. Jamais un pareil misérable n'eût pu avoir pour enfant un ange pareil à toi, Eulalie... et ne t'étonnes pas si je t'appelle ainsi, j'en ai le droit, je suis ton frère... mon père était le tien, ta mère était Mme de Soubiran.

— Ma mère... elle! s'écria Eulalie. Oh! je rêve... je suis folle... Qui êtes-vous, monsieur?

— Ne me reconnaissez-vous pas? Je suis M. de Changiron...

— Mais je suis folle! mon Dieu! n'y a-t-il personne à qui je puisse demander si l'on ne me ment pas...

— Venez, Torcy, cria Changiron, venez...

Torcy entra et se jeta à genoux devant le lit d'Eulalie.

— Et toi aussi, cria-t-elle, tu me crois innocente... Merci, mon Dieu...

— Tiens, lis, dit Changiron, lis, c'est la dernière volonté de ta mère.

Eulalie prit la lettre de Mme de Soubiran d'un air avide, et la lut jusqu'au dernier mot où sa mère lui disait :

« Adieu, ma fille, pardonne-moi. »

— Pardonnez-moi donc aussi, ma mère, s'écria-t-elle, d'avoir laissé échapper votre assassin.

— Vous l'entendez? s'écrièrent à la fois Torcy et Changiron.

— Sans doute; mais vous n'ignorez pas toutes les circonstances fatales de cette affreuse nuit, et il faut qu'elles nous soient expliquées.

— Parle, parle, dit Torcy, rappelle tous tes souvenirs.

— Oh! s'écria Eulalie, ils me sont assez présents pour que rien ne m'en échappe.

« J'avais reçu du café des mains de mon père... des mains de cet homme, veux-je dire, et lorsque je fus avec la vieille Marthe près du lit de Mme Soubiran, elle nous en versa à chacune une tasse; elle but la sienne d'abord, et je ne fis que goûter à la mienne. Le sommeil de Marthe se déclara presque aussitôt, et moi-même je me sentis la tête pesante; mais j'attribuai cela à la fatigue.

« Je combattis faiblement ce sommeil, sachant que depuis que je passais les nuits près de Mme de Soubiran, je m'éveillais au plus léger bruit qu'elle faisait. Il paraît que je m'endormis complètement; tout à coup je fus éveillée par des cris étouffés. Mais je ne pus m'arracher à la torpeur qui me dominait, et lorsque je parvins à me soulever, je ne vis qu'un homme qui s'échappait par la porte qui ouvrait sur le parc; je le reconnus, et, sans savoir ce que je faisais, je m'élançai à sa poursuite.

« Il suivit le château jusqu'à l'avenue, et, là seulement, il tourna brusquement en marchant au milieu, tandis que je le suivais en m'abritant le long des charmilles et des contre-allées. »

— Et ceci vous explique, monsieur, dit Changiron, pourquoi l'on n'a pas retrouvé les traces de cet homme qui n'avait pas quitté le pavé de l'avenue, et pourquoi on a retrouvé celles d'Eulalie qui a suivi les contre-allées.

— Cela me semble assez plausible.

— Enfin, dit Eulalie, arrivé au bout de l'avenue, mon... cet homme s'approcha d'un cavalier en lui disant :

Voici le testament de Mme de Soubiran.

A quoi le cavalier répondit :

— Voilà les cinquante mille francs de M. Chagoin.

— Tout cela, je n'en doute pas, peut décider un acquittement; mais un crime a été commis, celui qu'on accuse est mort, et rien ne peut attester sa culpabilité.

— Il y a, dit une voix qui s'éleva en ce moment, il y a l'aveu du coupable lui-même.

— Qu'est-ce là? dit le juge.

— Le prêtre mandé pour apporter des consolations à cette sainte victime d'un pieux devoir.

— M. Denis! s'écria Eulalie.

— Moi-même, mon enfant, qui ai appris ce matin par les journaux votre accusation, et qui étais venu pour vous remettre ce témoignage de votre innocence.

— Eh bien! s'écria Torcy.

Le juge se leva, et saluant Eulalie, il lui dit :

— Eulalie Pontois, vous êtes libre.

— Eulalie Pontois est morte, s'écria Changiron, il n'y a plus que Mlle de Changiron.

— Et bientôt Mme Torcy, dit Manuel.

XXVIII

La manière dont Eulalie fut sauvée de la rivière où elle s'était précipitée, n'a rien de bien extraordinaire, mais nous n'en devons pas moins rendre compte à nos lecteurs.

A vingt pas de l'endroit où Eulalie s'était jetée à l'eau, il y avait une chaussée qui retenait les eaux pour le service d'un moulin, et elle y fut rapidement portée. Dire par quel instinct de conservation elle voulut échapper à la mort au moment où elle venait de la chercher, comment, en se sentant expirer, lorsque déjà elle perdait connaissance, elle n'osa pas tenter une seconde fois le supplice qu'elle venait d'endurer; ce serait expliquer ce qui est un sentiment commun à tous les êtres.

D'ailleurs, si l'on veut bien se rappeler la violence des émotions qu'elle venait d'éprouver, au délire de son esprit succédant le délire physique que l'opium avait dû produire sur elle, on concevra aisément qu'elle ait tenté son salut sans conscience de ce qu'elle faisait. Que plus tard elle eût reculé devant le suicide, qu'à deux pas de la frontière de la Suisse elle s'y fût réfugiée, c'était la nécessité de la vie qu'elle acceptait.

Si l'on s'étonne que l'abbé Denis fût venu si à point, on n'oubliera pas que Gagerot était présent à l'arrestation et qu'un pareil fait apporté aux journaux ouvrait une petite importance à ce futur député.

Nous ignorons complètement ce que devint Vaudrillan.

Quant à M. Benoît Mortiff, nous croyons l'avoir reconnu un jour à une table de jeu de Wisbaden, où il était croupier.

Tout le monde se souvient de ce petit fait-Paris inséré dans les journaux :

« La police s'étant présentée chez M. P. C., accusé d'une soustraction frauduleuse de testament, a été forcée de faire enfoncer les portes. Au moment où l'on brisait la dernière, on entendit une détonation. M. P. C. venait de se faire sauter la cervelle. »

Ce M. P. C. était Paul Chagoin.

FIN

PROCHAIN OUVRAGE A PARAITRE

CARMEN

par

Prosper MERIMEE

CARMEN

I

J'avais toujours soupçonné les géographes de ne savoir ce qu'ils disent lorsqu'ils placent le champ de bataille de Munda dans le pays des Bastuli-Pœni, près de la moderne Monda, à quelques lieues au nord de Marbella. D'après mes propres conjectures sur le texte de l'anonyme, auteur du Bellum Hispaniense, et quelques renseignements recueillis dans l'excellente bibliothèque du duc d'Ossuna, je pensais qu'il fallait chercher aux environs de Montilla le lieu où, pour la dernière fois, César joua quitte ou double contre les champions de la république. Me trouvant en Andalousie au commencement de l'automne 1830, je fis une assez longue excursion pour éclaircir les doutes qui me restaient encore. Un mémoire que je publierai prochainement ne laissera plus, je l'espère, aucune incertitude dans l'esprit de tous les archéologues de bonne foi. En attendant que ma dissertation résolve enfin le problème géographique qui tient toute l'Europe savante en suspens, je veux vous raconter une petite histoire; elle ne préjuge rien sur l'intéressante question de l'emplacemnt de Monda.

J'avais loué à Cordoue un guide et deux chevaux, et m'étais mis en campagne avec les Commentaires de César et quelques chemises pour tout bagage. Certain jour, errant dans la partie élevée de la pleine de Cachena, harassé de fatigue, mourant de soif, brûlé par un soleil de plomb, je donnais au diable de bon cœur César et les fils de Pompée, lorsque j'aperçus, assez loin du sentier que je suivais, une petite pelouse verte parsemée de joncs et de roseaux. Cela m'annonçait le voisinage d'une source. En effet, en m'approchant, je vis que la prétendue pelouse était un marécage où se perdait un ruisseau, sortant, comme il semblait, d'une gorge étroite entre deux hauts contreforts de la sierra de Cabra. Je conclus qu'en remontant je trouverais de l'eau plus fraîche, moins de sangsues et de grenouilles, et peut-être un peu d'ombre au milieu des rochers. A l'entrée de la gorge, mon cheval hennit, et un autre cheval, que je ne voyais pas, lui répondit aussitôt. A peine eus-je fait une centaine de pas, que la gorge, s'élargissant tout à coup, me montra une espèce de cirque naturel parfaitement ombragé par la hauteur des escarpements qui l'entouraient. Il était impossible de rencontrer un lieu qui promît au voyageur une halte plus agréable. Au pied de rochers à pic, la source s'élançait en bouillonnant, et tombait dans un petit bassin tapissé d'un sable blanc comme la neige. Cinq à six beaux chênes verts, toujours à l'abri du vent et rafraîchis par la source, s'élevaient sur ses bords, et la couvraient de leurs épais ombrages; enfin, autour du bassin, une herbe fine, lustrée, offrait un lit meilleur qu'on n'en eût trouvé dans aucune auberge à dix lieues à la ronde.

A moi n'appartenait pas l'honneur d'avoir découvert un si beau lieu. Un homme s'y reposait déjà, et sans doute dormait, lorsque j'y pénétrai. Réveillé par les hennissements, il s'était levé, et s'était approché de son cheval qui avait profité du sommeil de son maître pour faire un bon repas de l'herbe aux environs. C'était un jeune gaillard, de taille moyenne, mais d'apparence robuste, au regard sombre et fier. Son teint, qui avait pu être beau, était devenu, par l'action du soleil, plus foncé que ses cheveux. D'une main il tenait le licol de sa monture, de l'autre une espingole de cuivre. J'avouerai que d'abord l'espingole et l'air farouche du porteur me surprirent quelque peu; mais je ne croyais pas aux voleurs, à force d'en entendre parler et de n'en rencontrer jamais. D'ailleurs, j'avais vu tant d'honnêtes fermiers s'armer jusqu'aux dents pour aller au marché, que la vue d'une arme à feu ne m'autorisait pas à mettre en doute la moralité de l'inconnu. — Et puis, me disais-je, que ferait-il de mes chemises et de mes Commentaires Elzévir? Je saluai donc l'homme à l'espingole d'un signe de tête familier, et je lui demandai en souriant si j'avais troublé son sommeil. Sans me répondre, il me toisa de la tête aux pieds; puis, comme satisfait de son examen, il considéra avec la même attention mon guide, qui s'avançait. Je vis celui-ci pâlir et s'arrêter en montrant une terreur évidente. Mauvaise rencontre! me dis-je. Mais la prudence me conseilla aussitôt de ne laisser voir aucune inquiétude. Je mis pied à terre; je dis au guide de débrider, et, m'agenouillant au bord de la source, j'y plongeai ma tête et mes mains; puis je bus une bonne gorgée, couché à plat ventre, comme les mauvais soldats de Gédéon.

J'observais cependant mon guide et l'inconnu. Le premier s'approchait bien à contre-cœur; l'autre semblait n'avoir pas de mauvais desseins contre nous, car il avait rendu la liberté à son cheval et son espingole, qu'il tenait d'abord horizontale, était maintenant dirigée vers la terre.

Ne croyant pas devoir me formaliser du peu de cas qu'on avait paru faire de ma personne, je m'étendis sur l'herbe, et d'un air dégagé je demandais à l'espingole s'il n'avait pas un briquet sur lui. En même temps je tirais mon étui à cigares. L'inconnu, toujours sans parler, fouilla dans sa poche, prit son briquet, et s'empressa de me faire du feu. Evidemment il s'humanisait; car il s'assit en face de moi, toutefois sans quitter son arme. Mon cigare allumé, je choisis le meilleur de ceux qui me restaient, et je lui demandai s'il fumait.

— Oui monsieur, répondit-il.

(A suivre.)

www.ingramcontent.com/pod-product-compliance
Lightning Source LLC
LaVergne TN
LVHW050109060726
842524LV00003B/1023